Victoria Rey

14 Santos Auxiliares
Novenas para Sanar el Cuerpo, el Alma y el Espíritu

CORAZÓN RENOVADO

R. DE CRAMER

INTRODUCCIÓN: NOVENAS A LOS SANTOS AUXILIARES

En las profundidades de la fe cristiana, existe una veneración especial hacia los Santos Auxiliares, un grupo de catorce santos que se han convertido en intercesores poderosos y protectores en momentos de necesidad.

Estos santos, venerados individualmente por sus atribuciones específicas, han sido invocados a lo largo de los siglos por los fieles en busca de ayuda espiritual, restauración de la salud, y protección en diversas áreas de la vida.

Este libro, "Novenas a los Santos Auxiliares", es un compendio de devoción y esperanza, diseñado para acompañar a los creyentes en sus momentos de oración y súplica.

Cada capítulo está dedicado a uno de los catorce santos auxiliares, presentando su historia, sus atribuciones particulares y una novena completa, compuesta por una oración para comenzar el día y otra oración para terminar la novena, así como nueve oraciones individuales, una para cada día de la novena.

A lo largo de estas páginas, los lectores encontrarán relatos inspiradores de la vida y el martirio de estos santos venerados, así como oraciones cuidadosamente inspiradas para dirigirse a sus necesidades específicas.

Desde la protección contra enfermedades hasta la búsqueda de consuelo en momentos de aflicción, estas novenas ofrecen un camino de encuentro con lo divino y la promesa de la intercesión celestial en nuestras vidas terrenales.

En tiempos de incertidumbre y tribulación, la fe y la devoción pueden ser faros de esperanza y consuelo.

Con este libro, invitamos a los lectores a sumergirse en la riqueza de la tradición cristiana, encontrando en la devoción a los Santos Auxiliares un refugio espiritual y una fuente de fortaleza en su caminar de fe.

Que estas novenas inspiren y fortalezcan a todos aquellos que buscan la ayuda celestial en su jornada de vida.

Bendiciones.

"Oh Dios todopoderoso, en tu infinita bondad has otorgado a los Santos Auxiliares como intercesores poderosos ante tu trono de gracia. Al comenzar estas 14 novenas dedicadas a cada uno de ellos, te pedimos humildemente que derrames tus bendiciones sobre cada lector que se acerque a estas páginas con fe y devoción.

Que cada novena sea un camino de encuentro contigo, oh Señor, y con tus santos, quienes han sido modelos de virtud y fidelidad en su vida terrenal. Que aquellos que recorran estas páginas encuentren consuelo en sus aflicciones, esperanza en sus dificultades y sanación en sus enfermedades.

Concede, oh Dios compasivo, que a medida que los lectores levanten sus plegarias a cada uno de los Santos Auxiliares, experimenten tu presencia sanadora y restauradora en sus vidas. Que tus santos, mediante su poderosa intercesión, sean instrumentos de tu gracia y amor, guiando a tus hijos hacia la plenitud de la vida que tú deseas para ellos.

Derrama sobre cada lector tus bendiciones abundantes, oh Señor, y permite que estas novenas sean un medio de transformación espiritual y sanación física y emocional. Que al concluir este viaje de oración, los corazones de tus hijos rebosen de gratitud y alegría por tu amor inagotable y tu misericordia infinita.

Te lo pedimos todo en el nombre de tu Hijo amado, Jesucristo, quien vive y reina contigo en la unidad del Espíritu Santo, un solo Dios, por los siglos de los siglos. Amén."

San Acacio

Festividad:	Mayo 8

Se le pide ayuda para:
Dolores de cabeza, migraña, ojos, oídos, boca, y nariz.

VIDA DEL SANTO

San Acacio, conocido también como San Acacio de Amida, fue un mártir cristiano y santo venerado por la Iglesia Católica y la Iglesia Ortodoxa.

Su historia se remonta a la época del Imperio Romano, donde sirvió como centurión en la Legión romana.

San Acacio es especialmente recordado por su firme fe en Cristo, la cual mantuvo incluso frente a la adversidad y la persecución.

Nacido en la ciudad de Amida (hoy conocida como Diyarbakır, en la actual Turquía), Acacio vivió durante el reinado del emperador romano Diocleciano, un periodo marcado por una intensa persecución contra los cristianos.

La devoción de Acacio a su fe lo llevó a desafiar las órdenes imperiales que exigían rendir culto a los dioses paganos romanos, lo que eventualmente le costó la vida.

La leyenda cuenta que San Acacio fue sometido a torturas con la esperanza de que renunciara a su fe cristiana, pero él se mantuvo firme en su creencia.

Admirado por su valentía y su inquebrantable devoción, se dice que incluso en los momentos de mayor sufrimiento, Acacio oraba por aquellos que lo perseguían.

Finalmente, Acacio fue condenado a muerte y ejecutado, pero su historia no terminó con su martirio.

Se convirtió en símbolo de resistencia y fortaleza espiritual, inspirando a generaciones de cristianos a mantenerse fieles a sus creencias a pesar de las dificultades.

San Acacio es considerado el patrón de aquellos que sufren de jaquecas y dolores de cabeza, invocado por su intercesión en aliviar estos males.

Su festividad se celebra el 8 de mayo.

A través de los siglos, San Acacio ha sido venerado no solo por su martirio, sino también por su compasión hacia los demás, incluso hacia sus enemigos.

Su historia es un recordatorio de la fuerza que se encuentra en la fe y la oración, y su legado continúa inspirando a muchos en la actualidad.

ORACIÓN DIARIA PARA EMPEZAR A REZAR LA NOVENA A SAN ACACIO

Nota: Cada uno de los 9 días, rece primero esta oración y luego la oración correspondiente al día.

Oh Glorioso San Acacio, valiente mártir y protector contra los dolores de cabeza y las jaquecas, acudimos a ti en este momento de inicio de nuestra novena, buscando tu intercesión divina.

Con profundo respeto y veneración, recordamos tu firmeza de fe y el inquebrantable coraje que mostraste ante las pruebas más duras.

Tú, que en medio de la adversidad mantuviste la mirada fija en el Señor, guíanos en nuestro camino para enfrentar con valentía nuestros propios desafíos.

Ayúdanos a permanecer fieles a nuestras convicciones, fortalece nuestra fe y otórganos la gracia de vivir con la misma integridad y valentía que tú demostraste.

Que al comenzar esta novena, nuestro corazón se abra más plenamente al amor y a la misericordia de Dios, y que a través de tu intercesión, encontremos alivio y consuelo en nuestras aflicciones. Amén.

DÍA 1: POR LA SANACIÓN DE DOLORES DE CABEZA Y MIGRAÑAS

Oh venerable San Acacio, mártir y santo guerrero, que enfrentaste el martirio con una fe inquebrantable y una valentía que inspira nuestros corazones, venimos ante ti para pedir tu intercesión divina. Nos encontramos afligidos por dolores de cabeza y migrañas, esos tormentos que nublan nuestra mente y oscurecen nuestros días. Te suplicamos, bondadoso protector, que presentes nuestras súplicas ante el trono de Dios. Que, por tu mediación, podamos recibir el alivio y la curación, encontrando serenidad y claridad mental. Concede que cada momento de dolor nos acerque más a la comprensión de los misterios del sufrimiento y del amor divino. Amén.

Padre Nuestro, que estás en el cielo, santificado sea tu nombre; venga a nosotros tu reino; hágase tu voluntad, en la tierra como en el cielo. Danos hoy nuestro pan de cada día; perdona nuestras ofensas, como también nosotros perdonamos a los que nos ofenden; no nos dejes caer en la tentación, y líbranos del mal. Amén.

Dios te salve, María, llena eres de gracia, el Señor es contigo. Bendita tú eres entre todas las mujeres, y bendito es el fruto de tu vientre: Jesús. Santa María, Madre de Dios, ruega por nosotros, pecadores, ahora y en la hora de nuestra muerte. Amén.

Gloria al Padre, al Hijo y al Espíritu Santo. Como era en el principio, ahora y siempre, por los siglos de los siglos. Amén.

DÍA 2: POR LA SANACIÓN DE LOS OJOS

Amado San Acacio, bajo cuya valiente protección buscamos refugio, te pedimos especialmente por la salud de nuestros ojos, esos preciosos dones que nos permiten ver las maravillas de la creación de Dios. En tiempos de fatiga y dolor, cuando la vista se vuelve borrosa y los ojos cansados, te rogamos que seas nuestro guía hacia la sanación. Ayúdanos a mirar más allá de la superficie, para ver con los ojos del alma la belleza y el amor que nos rodea, incluso en medio del sufrimiento. Que nuestra visión restaurada nos recuerde siempre la luz de Cristo, que ilumina todo oscuridad. Amén.

Padre Nuestro, que estás en el cielo, santificado sea tu nombre; venga a nosotros tu reino; hágase tu voluntad, en la tierra como en el cielo.

Danos hoy nuestro pan de cada día; perdona nuestras ofensas, como también nosotros perdonamos a los que nos ofenden; no nos dejes caer en la tentación, y líbranos del mal. Amén.

Dios te salve, María, llena eres de gracia, el Señor es contigo. Bendita tú eres entre todas las mujeres, y bendito es el fruto de tu vientre: Jesús.

Santa María, Madre de Dios, ruega por nosotros, pecadores, ahora y en la hora de nuestra muerte. Amén.

Gloria al Padre, al Hijo y al Espíritu Santo. Como era en el principio, ahora y siempre, por los siglos de los siglos. Amén.

DÍA 3: POR LA SANACIÓN DE LOS OÍDOS

Glorioso San Acacio, que con tu martirio diste testimonio del poder y la misericordia de Dios, acude en ayuda de todos los que sufren de dolores y molestias en los oídos.

En este día, te pedimos por nuestra capacidad de escuchar, no solo los sonidos del mundo, sino también la suave voz de Dios hablándonos al corazón.que tu intercesión nos otorgue alivio y sanación, permitiéndonos escuchar con claridad y gozo las palabras de amor, esperanza y consuelo que Dios nos dirige cada día. Amén.

Padre Nuestro, que estás en el cielo, santificado sea tu nombre; venga a nosotros tu reino; hágase tu voluntad, en la tierra como en el cielo.

Danos hoy nuestro pan de cada día; perdona nuestras ofensas, como también nosotros perdonamos a los que nos ofenden; no nos dejes caer en la tentación, y líbranos del mal. Amén.

Dios te salve, María, llena eres de gracia, el Señor es contigo. Bendita tú eres entre todas las mujeres, y bendito es el fruto de tu vientre: Jesús. Santa María, Madre de Dios, ruega por nosotros, pecadores, ahora y en la hora de nuestra muerte. Amén.

Gloria al Padre, al Hijo y al Espíritu Santo. Como era en el principio, ahora y siempre, por los siglos de los siglos. Amén.

DÍA 4: POR LA SANACIÓN DE LA BOCA

Santo valiente, San Acacio, que proclamaste la palabra de Dios incluso frente a la adversidad, te imploramos tu intercesión por la sanación de nuestra boca. Que cualquier dolor, enfermedad o malestar que nos impida hablar, comer o sonreír sea aliviado por tu gracia.

Inspíranos a usar nuestras palabras para consolar, edificar y expresar amor, reflejando así la bondad y la compasión de Cristo.

Que nuestra boca sea un instrumento de paz y alegría, libre de todo dolor. Amén.

Padre Nuestro, que estás en el cielo, santificado sea tu nombre; venga a nosotros tu reino; hágase tu voluntad, en la tierra como en el cielo.

Danos hoy nuestro pan de cada día; perdona nuestras ofensas, como también nosotros perdonamos a los que nos ofenden; no nos dejes caer en la tentación, y líbranos del mal. Amén.

Dios te salve, María, llena eres de gracia, el Señor es contigo. Bendita tú eres entre todas las mujeres, y bendito es el fruto de tu vientre: Jesús.

Santa María, Madre de Dios, ruega por nosotros, pecadores, ahora y en la hora de nuestra muerte. Amén.

Gloria al Padre, al Hijo y al Espíritu Santo. Como era en el principio, ahora y siempre, por los siglos de los siglos. Amén.

DÍA 5: POR LA SANACIÓN DE LA NARIZ

Fiel San Acacio, intercesor ante las aflicciones, en este día nos dirigimos a ti para pedir tu ayuda con las dolencias relacionadas con nuestra nariz.

Que los problemas respiratorios, alergias o cualquier otro malestar que dificulte nuestra capacidad de respirar libremente sean mitigados por tu intercesión. Que el aire que respiremos nos llene de vida y salud, recordándonos el aliento de vida que Dios sopló en nosotros.

Con tu ayuda, que encontremos alivio y bienestar, respirando con facilidad y gratitud. Amén.

Padre Nuestro, que estás en el cielo, santificado sea tu nombre; venga a nosotros tu reino; hágase tu voluntad, en la tierra como en el cielo.

Danos hoy nuestro pan de cada día; perdona nuestras ofensas, como también nosotros perdonamos a los que nos ofenden; no nos dejes caer en la tentación, y líbranos del mal. Amén.

Dios te salve, María, llena eres de gracia, el Señor es contigo. Bendita tú eres entre todas las mujeres, y bendito es el fruto de tu vientre: Jesús.

Santa María, Madre de Dios, ruega por nosotros, pecadores, ahora y en la hora de nuestra muerte. Amén.

Gloria al Padre, al Hijo y al Espíritu Santo. Como era en el principio, ahora y siempre, por los siglos de los siglos. Amén.

DÍA 6: POR LA SANACIÓN DE MIGRAÑAS

Oh San Acacio, refugio de los afligidos, en este sexto día de nuestra novena te suplicamos por aquellos de nosotros que sufren de migrañas, esos dolores intensos que oscurecen nuestras vidas y prueban nuestra fortaleza. Que tu intercesión nos brinde consuelo y alivio, permitiéndonos encontrar momentos de paz entre las tormentas del dolor. Enséñanos a unir nuestro sufrimiento al de Cristo en la cruz, encontrando significado y redención en nuestro dolor. Que la gracia divina nos envuelva, ofreciéndonos esperanza y renovación. Amén.

Padre Nuestro, que estás en el cielo, santificado sea tu nombre; venga a nosotros tu reino; hágase tu voluntad, en la tierra como en el cielo.

Danos hoy nuestro pan de cada día; perdona nuestras ofensas, como también nosotros perdonamos a los que nos ofenden; no nos dejes caer en la tentación, y líbranos del mal. Amén.

Dios te salve, María, llena eres de gracia, el Señor es contigo. Bendita tú eres entre todas las mujeres, y bendito es el fruto de tu vientre: Jesús. Santa María, Madre de Dios, ruega por nosotros, pecadores, ahora y en la hora de nuestra muerte. Amén.

Gloria al Padre, al Hijo y al Espíritu Santo. Como era en el principio, ahora y siempre, por los siglos de los siglos. Amén.

DÍA 7: POR LA LIBERACIÓN DE LOS DOLORES EN EL ÁREA DE LA CABEZA

Protector San Acacio, en este séptimo día, pedimos tu intercesión especial para aquellos cuyos dolores de cabeza se vuelven insoportables.

Bríndales tu fortaleza y tu consuelo, que encuentren en ti un refugio seguro y sanador. Amén.

Padre Nuestro, que estás en el cielo, santificado sea tu nombre; venga a nosotros tu reino; hágase tu voluntad, en la tierra como en el cielo.

Danos hoy nuestro pan de cada día; perdona nuestras ofensas, como también nosotros perdonamos a los que nos ofenden; no nos dejes caer en la tentación, y líbranos del mal. Amén.

Dios te salve, María, llena eres de gracia, el Señor es contigo.

Bendita tú eres entre todas las mujeres, y bendito es el fruto de tu vientre: Jesús.

Santa María, Madre de Dios, ruega por nosotros, pecadores, ahora y en la hora de nuestra muerte. Amén.

Gloria al Padre, al Hijo y al Espíritu Santo.

Como era en el principio, ahora y siempre, por los siglos de los siglos. Amén.

DÍA 8: POR LA SANACIÓN DE PROBLEMAS PARANASALES

Valeroso mártir, San Acacio, imploramos tu ayuda para superar cualquier dolor relacionado con los senos paranasales, que a menudo afectan nuestra cabeza y rostro.

Concede a quienes sufren este malestar un alivio duradero y una profunda sanación. Amén.

Padre Nuestro, que estás en el cielo, santificado sea tu nombre; venga a nosotros tu reino; hágase tu voluntad, en la tierra como en el cielo.

Danos hoy nuestro pan de cada día; perdona nuestras ofensas, como también nosotros perdonamos a los que nos ofenden; no nos dejes caer en la tentación, y líbranos del mal. Amén.

Dios te salve, María, llena eres de gracia, el Señor es contigo.

Bendita tú eres entre todas las mujeres, y bendito es el fruto de tu vientre: Jesús.

Santa María, Madre de Dios, ruega por nosotros, pecadores, ahora y en la hora de nuestra muerte. Amén.

Gloria al Padre, al Hijo y al Espíritu Santo.

Como era en el principio, ahora y siempre, por los siglos de los siglos. Amén.

DÍA 9: POR LA SALUD INTEGRAL DEL CUERPO

En este último día de nuestra novena, San Acacio, te damos gracias por tu constante intercesión.

Renueva nuestra esperanza y fortaleza para enfrentar cualquier dolor con fe y confianza en la misericordia divina.

Que la sanación que buscamos se manifieste en nosotros, según la voluntad de Dios. Amén.

Padre Nuestro, que estás en el cielo, santificado sea tu nombre; venga a nosotros tu reino; hágase tu voluntad, en la tierra como en el cielo.

Danos hoy nuestro pan de cada día; perdona nuestras ofensas, como también nosotros perdonamos a los que nos ofenden; no nos dejes caer en la tentación, y líbranos del mal. Amén.

Dios te salve, María, llena eres de gracia, el Señor es contigo.

Bendita tú eres entre todas las mujeres, y bendito es el fruto de tu vientre: Jesús.

Santa María, Madre de Dios, ruega por nosotros, pecadores, ahora y en la hora de nuestra muerte. Amén.

Gloria al Padre, al Hijo y al Espíritu Santo.

Como era en el principio, ahora y siempre, por los siglos de los siglos. Amén.

ORACIÓN PARA FINALIZAR LA NOVENA A SAN ACACIO

Amado San Acacio, que con tu vida nos enseñaste el verdadero significado del sacrificio y la entrega a Dios, te damos gracias por acompañarnos a lo largo de esta novena.

Por tu intercesión, hemos buscado la fuerza y el consuelo en nuestras tribulaciones, especialmente en momentos de dolor y sufrimiento.

Al concluir esta novena, imploramos tu ayuda continua en nuestras vidas, que tu ejemplo de fe y coraje sea una guía constante en nuestro camino hacia la santidad.

Te pedimos que nos mantengas firmes en nuestra fe, resueltos en nuestra esperanza y generosos en nuestro amor, siguiendo las enseñanzas de Cristo.

Que el alivio que buscamos a través de tu intercesión sea concedido según la voluntad divina, y que nuestra confianza en la misericordia de Dios sea renovada.

Con gratitud y esperanza, nos encomendamos a tu cuidado y protección, ahora y siempre. Amén.

Santa Bárbara

Festividad:	Diciembre 4

Se le pide ayuda para:
Tener protección contra rayos y fuego, contra una muerte violenta y para sanar de enfermedades febriles.

VIDA DE LA SANTA

Santa Bárbara, conocida como una de las mártires más veneradas en la cristiandad, es un luminoso ejemplo de fe, coraje y la fuerza de la convicción.

Su historia se ha transmitido a través de los siglos, inspirando a incontables fieles con su valentía y su inquebrantable compromiso con Dios.

Nacida en el siglo III en Nicomedia, cerca del Mar de Mármara en la actual Turquía, Bárbara era hija de un rico comerciante pagano llamado Dioscoro.

Su padre, queriendo protegerla y quizás también ocultar su belleza al mundo, la encerró en una torre.

Durante este período de aislamiento, Bárbara se convirtió al cristianismo, una decisión que marcaría su destino.

Mientras estaba en cautiverio, Bárbara instruyó que se hicieran tres ventanas en su baño, simbolizando la Santísima Trinidad.

Su padre, al descubrir su conversión, se llenó de ira.

Bárbara huyó, pero fue traicionada por un pastor.

Dioscoro, en su furia, la llevó ante el prefecto romano de la provincia.

Fue torturada en un intento por hacerla renunciar a su fe, pero ella se mantuvo firme.

Finalmente, el propio Dioscoro cumplió la sentencia de muerte de su hija, decapitándola.

Sin embargo, la leyenda cuenta que recibió su castigo divino de inmediato: fue golpeado por un rayo y consumido por el fuego del cielo.

Santa Bárbara es invocada como protectora contra las tormentas y los rayos, debido a la forma en que murió su padre.

También es patrona de los mineros, los arquitectos, y los artilleros, y se le pide protección por aquellos que se enfrentan a una muerte súbita sin haber recibido los sacramentos.

Su festividad se celebra el 4 de diciembre.

A lo largo de los años, Santa Bárbara se ha convertido en un símbolo de la resistencia frente a la persecución y la firmeza en la fe, recordándonos el poder de la creencia y el sacrificio supremo de la vida por el amor a Dios.

ORACIÓN DIARIA PARA EMPEZAR A REZAR LA NOVENA A SANTA BÁRBARA

Nota: Cada uno de los 9 días, rece primero esta oración y luego la oración correspondiente al día.

Oh Santa Bárbara, mártir valerosa y protectora celestial, con profundo respeto y veneración nos acercamos a ti al comenzar esta novena en tu honor.

Tú, que con inquebrantable fe y coraje enfrentaste la persecución y la muerte, ilumina nuestro camino con tu ejemplo de fortaleza espiritual.

Invocamos tu intercesión para que, al igual que tú, podamos permanecer firmes en nuestra fe ante cualquier adversidad.

Protégenos de las tormentas de la vida y de todo peligro que amenace nuestra integridad física y espiritual.

Que tu valentía nos inspire a vivir con la misma convicción y entrega al Señor.

Santa Bárbara, guíanos y acompáñanos en cada día de esta novena, para que nuestro corazón se abra cada vez más a la gracia divina. Amén.

DÍA 1: PROTECCIÓN CONTRA RAYOS Y FUEGO

Oh Santa Bárbara, tú que fuiste fortalecida por Dios para enfrentar con valentía el martirio, te pedimos tu intercesión para que nos protejas contra los rayos y el fuego.

Que tu manto protector nos cubra, preservando nuestras vidas y hogares de todo peligro.

Inspíranos a construir nuestras vidas sobre la roca firme de la fe, seguros ante las tormentas que puedan surgir. Amén.

Padre Nuestro, que estás en el cielo, santificado sea tu nombre; venga a nosotros tu reino; hágase tu voluntad, en la tierra como en el cielo.

Danos hoy nuestro pan de cada día; perdona nuestras ofensas, como también nosotros perdonamos a los que nos ofenden; no nos dejes caer en la tentación, y líbranos del mal. Amén.

Dios te salve, María, llena eres de gracia, el Señor es contigo.

Bendita tú eres entre todas las mujeres, y bendito es el fruto de tu vientre: Jesús.

Santa María, Madre de Dios, ruega por nosotros, pecadores, ahora y en la hora de nuestra muerte. Amén.

Gloria al Padre, al Hijo y al Espíritu Santo. Como era en el principio, ahora y siempre, por los siglos de los siglos. Amén.

DÍA 2: CONTRA MUERTE VIOLENTA

Amada mártir Santa Bárbara, te rogamos que nos guardes de toda muerte repentina y violenta.

Con tu poderosa intercesión, pide al Señor que nos conceda la gracia de vivir y morir en estado de gracia, preparados para encontrarnos con Él en paz.

Que nuestro paso por este mundo esté marcado por actos de bondad y amor, reflejando tu valiente testimonio. Amén.

Padre Nuestro, que estás en el cielo, santificado sea tu nombre; venga a nosotros tu reino; hágase tu voluntad, en la tierra como en el cielo.

Danos hoy nuestro pan de cada día; perdona nuestras ofensas, como también nosotros perdonamos a los que nos ofenden; no nos dejes caer en la tentación, y líbranos del mal. Amén.

Dios te salve, María, llena eres de gracia, el Señor es contigo.

Bendita tú eres entre todas las mujeres, y bendito es el fruto de tu vientre: Jesús.

Santa María, Madre de Dios, ruega por nosotros, pecadores, ahora y en la hora de nuestra muerte. Amén.

Gloria al Padre, al Hijo y al Espíritu Santo.

Como era en el principio, ahora y siempre, por los siglos de los siglos. Amén.

DÍA 3: SANACIÓN DE ENFERMEDADES FEBRILES

Gloriosa Santa Bárbara, en tu compasión, acude en nuestra ayuda y la de aquellos que sufren de enfermedades febriles.

Que, por tu intercesión, Dios Todopoderoso nos conceda la salud y alivie nuestros dolores, restaurando nuestra fortaleza y bienestar para que podamos servirle con alegría. Amén.

Padre Nuestro, que estás en el cielo, santificado sea tu nombre; venga a nosotros tu reino; hágase tu voluntad, en la tierra como en el cielo.

Danos hoy nuestro pan de cada día; perdona nuestras ofensas, como también nosotros perdonamos a los que nos ofenden; no nos dejes caer en la tentación, y líbranos del mal. Amén.

Dios te salve, María, llena eres de gracia, el Señor es contigo.

Bendita tú eres entre todas las mujeres, y bendito es el fruto de tu vientre: Jesús.

Santa María, Madre de Dios, ruega por nosotros, pecadores, ahora y en la hora de nuestra muerte. Amén.

Gloria al Padre, al Hijo y al Espíritu Santo.

Como era en el principio, ahora y siempre, por los siglos de los siglos. Amén.

DÍA 4: PROTECCIÓN EN VIAJES

Protectora Santa Bárbara, te imploramos que seas nuestra guía y escudo en todos nuestros viajes.

Mantennos seguros de accidentes y peligros, y acompáñanos en cada camino que tomemos, para que lleguemos a nuestros destinos y de vuelta a casa en paz y seguridad. Amén.

Padre Nuestro, que estás en el cielo, santificado sea tu nombre; venga a nosotros tu reino; hágase tu voluntad, en la tierra como en el cielo.

Danos hoy nuestro pan de cada día; perdona nuestras ofensas, como también nosotros perdonamos a los que nos ofenden; no nos dejes caer en la tentación, y líbranos del mal. Amén.

Dios te salve, María, llena eres de gracia, el Señor es contigo.

Bendita tú eres entre todas las mujeres, y bendito es el fruto de tu vientre: Jesús.

Santa María, Madre de Dios, ruega por nosotros, pecadores, ahora y en la hora de nuestra muerte. Amén.

Gloria al Padre, al Hijo y al Espíritu Santo.

Como era en el principio, ahora y siempre, por los siglos de los siglos. Amén.

DÍA 5: FORTALEZA EN LA FE

Santa Bárbara, mártir invencible, fortalécenos en nuestra fe para enfrentar los desafíos de la vida con la misma determinación y confianza en Dios que mostraste.

Ayúdanos a permanecer fieles a nuestras creencias, incluso en medio de las pruebas, y a vivir según el Evangelio de Cristo. Amén.

Padre Nuestro, que estás en el cielo, santificado sea tu nombre; venga a nosotros tu reino; hágase tu voluntad, en la tierra como en el cielo.

Danos hoy nuestro pan de cada día; perdona nuestras ofensas, como también nosotros perdonamos a los que nos ofenden; no nos dejes caer en la tentación, y líbranos del mal. Amén.

Dios te salve, María, llena eres de gracia, el Señor es contigo.

Bendita tú eres entre todas las mujeres, y bendito es el fruto de tu vientre: Jesús.

Santa María, Madre de Dios, ruega por nosotros, pecadores, ahora y en la hora de nuestra muerte. Amén.

Gloria al Padre, al Hijo y al Espíritu Santo.

Como era en el principio, ahora y siempre, por los siglos de los siglos. Amén.

DÍA 6: POR LA UNIDAD FAMILIAR

Santa Bárbara, que experimentaste el conflicto dentro de tu propia familia, intercede por las nuestras para que reine la armonía y el amor.

Que, a través de tu ejemplo de perdón y amor incondicional, podamos superar las diferencias y construir hogares llenos de paz y comprensión. Amén.

Padre Nuestro, que estás en el cielo, santificado sea tu nombre; venga a nosotros tu reino; hágase tu voluntad, en la tierra como en el cielo.

Danos hoy nuestro pan de cada día; perdona nuestras ofensas, como también nosotros perdonamos a los que nos ofenden; no nos dejes caer en la tentación, y líbranos del mal. Amén.

Dios te salve, María, llena eres de gracia, el Señor es contigo.

Bendita tú eres entre todas las mujeres, y bendito es el fruto de tu vientre: Jesús.

Santa María, Madre de Dios, ruega por nosotros, pecadores, ahora y en la hora de nuestra muerte. Amén.

Gloria al Padre, al Hijo y al Espíritu Santo.

Como era en el principio, ahora y siempre, por los siglos de los siglos. Amén.

DÍA 7: POR LOS QUE SUFREN PERSECUCIÓN

Valiente Santa Bárbara, te rogamos por todos aquellos que, en todo el mundo, sufren persecución por su fe.

Que encuentren en ti un modelo de coraje y constancia, y por tu intercesión, reciban consuelo, fuerza y la liberación de sus aflicciones. Amén.

Padre Nuestro, que estás en el cielo, santificado sea tu nombre; venga a nosotros tu reino; hágase tu voluntad, en la tierra como en el cielo.

Danos hoy nuestro pan de cada día; perdona nuestras ofensas, como también nosotros perdonamos a los que nos ofenden; no nos dejes caer en la tentación, y líbranos del mal. Amén.

Dios te salve, María, llena eres de gracia, el Señor es contigo.

Bendita tú eres entre todas las mujeres, y bendito es el fruto de tu vientre: Jesús.

Santa María, Madre de Dios, ruega por nosotros, pecadores, ahora y en la hora de nuestra muerte. Amén.

Gloria al Padre, al Hijo y al Espíritu Santo.

Como era en el principio, ahora y siempre, por los siglos de los siglos. Amén.

DÍA 8: POR LOS MINEROS Y TRABAJADORES

Santa Bárbara, patrona de los mineros y de todos los que trabajan en condiciones peligrosas, protege a estos valientes hombres y mujeres.

Guárdalos de todo mal y accidente, y que su labor sea siempre segura y fructífera, bajo tu amparo y protección. Amén.

Padre Nuestro, que estás en el cielo, santificado sea tu nombre; venga a nosotros tu reino; hágase tu voluntad, en la tierra como en el cielo.

Danos hoy nuestro pan de cada día; perdona nuestras ofensas, como también nosotros perdonamos a los que nos ofenden; no nos dejes caer en la tentación, y líbranos del mal. Amén.

Dios te salve, María, llena eres de gracia, el Señor es contigo.

Bendita tú eres entre todas las mujeres, y bendito es el fruto de tu vientre: Jesús.

Santa María, Madre de Dios, ruega por nosotros, pecadores, ahora y en la hora de nuestra muerte. Amén.

Gloria al Padre, al Hijo y al Espíritu Santo.

Como era en el principio, ahora y siempre, por los siglos de los siglos. Amén.

DÍA 9: AGRADECIMIENTO Y ENTREGA A DIOS

En este último día de nuestra novena, Santa Bárbara, ofrecemos nuestro más sincero agradecimiento por tu intercesión y protección.

Que nuestro corazón esté siempre abierto a la voluntad de Dios, viviendo una vida de servicio, amor y entrega total a Él, siguiendo tu ejemplo de fe y martirio. Amén.

Padre Nuestro, que estás en el cielo, santificado sea tu nombre; venga a nosotros tu reino; hágase tu voluntad, en la tierra como en el cielo.

Danos hoy nuestro pan de cada día; perdona nuestras ofensas, como también nosotros perdonamos a los que nos ofenden; no nos dejes caer en la tentación, y líbranos del mal. Amén.

Dios te salve, María, llena eres de gracia, el Señor es contigo.

Bendita tú eres entre todas las mujeres, y bendito es el fruto de tu vientre: Jesús.

Santa María, Madre de Dios, ruega por nosotros, pecadores, ahora y en la hora de nuestra muerte. Amén.

Gloria al Padre, al Hijo y al Espíritu Santo.

Como era en el principio, ahora y siempre, por los siglos de los siglos. Amén.

ORACIÓN PARA FINALIZAR LA NOVENA A SANTA BÁRBARA

Gloriosa Santa Bárbara, bajo tu amparo hemos buscado refugio durante estos días de oración y reflexión.

Te damos gracias por tu compañía y protección, por ser nuestra guía y por interceder por nosotros ante el trono de Dios.

Al concluir esta novena, te pedimos que nos fortalezcas en la fe, que avives nuestra esperanza y que aumentes nuestro amor por Cristo y por nuestros hermanos.

Ayúdanos a enfrentar las tempestades de la vida con la certeza de que no estamos solos, que tu protección y la del Padre Celestial nos rodean siempre.

Concede que, siguiendo tu ejemplo, podamos ser valientes testigos del Evangelio, dispuestos a todo por amor a Dios, hasta alcanzar la verdadera felicidad en la vida eterna.

Santa Bárbara, que tu bendición nos acompañe hoy y siempre. Amén.

Cada una de estas oraciones está escrita para enfocarse en una petición específica a Santa Bárbara durante los días de la novena, abarcando una amplia gama de necesidades espirituales y físicas, y buscando su poderosa intercesión.

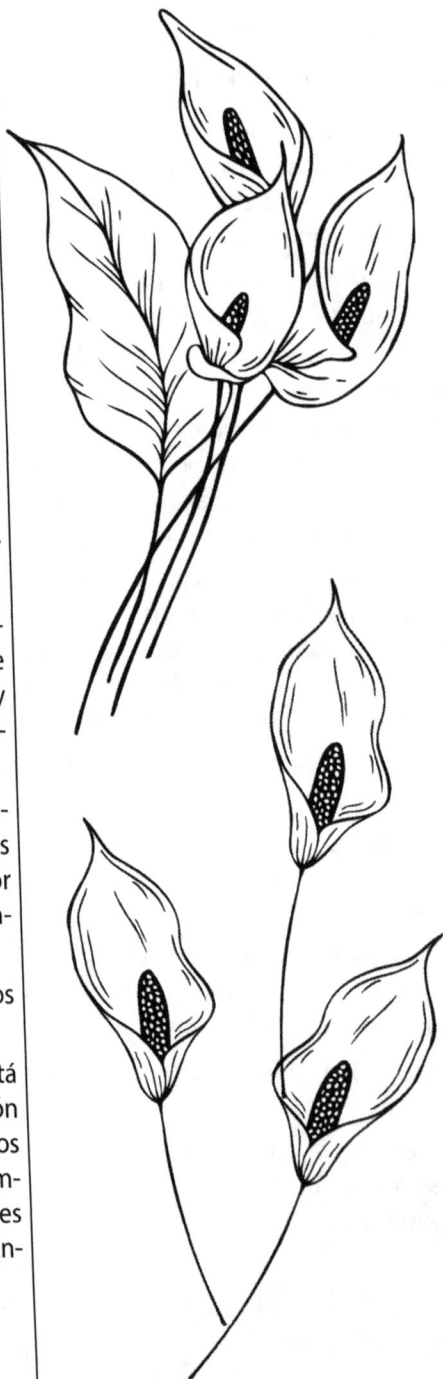

San Blas

Festividad:	Febrero 3

Se le pide ayuda para:
Sanar de un dolor de garganta, encías, dientes, enfermedades en vías respiratorias, falta de aire, protección contra atoramientos en la garganta.

VIDA DEL SANTO

San Blas, venerado como uno de los 14 Santos Auxiliares, es conocido por su compasiva intercesión en favor de aquellos que sufren dolencias de la garganta y otras enfermedades.

Su historia se remonta a la antigüedad cristiana, convirtiéndolo en una figura de devoción y fe a través de los siglos.

Originario de Sebastia en Armenia (actual Sivas, Turquía), San Blas vivió en el siglo III, época en la que ejerció como médico y luego como obispo de su ciudad.

Se dice que era un hombre de gran sabiduría y bondad, dedicado al cuidado espiritual y físico de su comunidad.

Durante la persecución de los cristianos bajo el reinado del emperador Licinio, San Blas se refugió en las montañas para llevar una vida de ermitaño, donde, según la tradición, los animales salvajes venían a él buscando consuelo y curación.

San Blas es especialmente recordado por un milagro que realizó al salvar a un niño que estaba a punto de morir por un atoramiento en la garganta debido a una espina de pescado.

Este acto milagroso no solo demostró su poder de intercesión sino también su profunda compasión y habilidad para curar.

Finalmente, fue capturado y sometido a torturas por negarse a renunciar a su fe en Cristo.

Durante su encarcelamiento, se cuenta que realizó más milagros, curando a sus compañeros de prisión.

San Blas fue martirizado alrededor del año 316, decapitado por mantenerse firme en su fe.

Hoy en día, San Blas es invocado para la protección contra las enfermedades de la garganta, dolores de garganta, problemas dentales, enfermedades de las vías respiratorias, y para evitar el peligro de atoramientos.

La bendición de San Blas, que se lleva a cabo en muchos lugares el día de su fiesta, el 3 de febrero, implica el uso de dos velas bendecidas cruzadas, simbolizando el milagro que realizó al salvar al joven.

La devoción a San Blas perdura como testimonio de su fe inquebrantable, su compasión por el sufrimiento humano y su poderosa intercesión ante Dios por aquellos en necesidad.

ORACIÓN PARA EMPEZAR A REZAR LA NOVENA A SAN BLAS

Nota: Cada uno de los 9 días, rece primero esta oración y luego la oración correspondiente al día.

Oh bendito San Blas, fiel servidor de Dios y protector contra las dolencias de la garganta, nos acercamos a ti con corazones llenos de esperanza al iniciar esta novena dedicada a tu honor.

Tú, que con compasión intercediste por la vida de un niño y otorgaste curación a los que sufrían, te pedimos que extiendas tu bondadosa intercesión hacia nosotros.

Ilumina nuestro camino con tu sabiduría y amor, y prepáranos para recibir las bendiciones del Señor.

Ayúdanos a abrir nuestros corazones a la fe, la esperanza y el amor, y a experimentar el poder sanador de Dios en nuestras vidas.

Que, a través de tu intercesión, encontremos alivio en nuestras dolencias y protección contra todo mal.

Guíanos para vivir según el ejemplo de Cristo, sirviendo a los demás con un corazón generoso y compasivo. Amén.

DÍA 1: POR LA SANACIÓN DE DOLORES DE GARGANTA

Oh amable San Blas, que intercediste por la vida de un niño y salvaste a los afligidos, te pedimos tu protección divina contra los dolores de garganta.

Sana nuestros cuerpos y renueva nuestra fe.

Que tu bendición nos alivie y fortalezca, permitiéndonos hablar y cantar las alabanzas de Dios sin dolor. Amén.

Padre Nuestro, que estás en el cielo, santificado sea tu nombre; venga a nosotros tu reino; hágase tu voluntad, en la tierra como en el cielo.

Danos hoy nuestro pan de cada día; perdona nuestras ofensas, como también nosotros perdonamos a los que nos ofenden; no nos dejes caer en la tentación, y líbranos del mal. Amén.

Dios te salve, María, llena eres de gracia, el Señor es contigo.

Bendita tú eres entre todas las mujeres, y bendito es el fruto de tu vientre: Jesús.

Santa María, Madre de Dios, ruega por nosotros, pecadores, ahora y en la hora de nuestra muerte. Amén.

Gloria al Padre, al Hijo y al Espíritu Santo.

Como era en el principio, ahora y siempre, por los siglos de los siglos. Amén.

DÍA 2: POR LA SALUD DE LAS ENCÍAS Y LOS DIENTES

Bendito San Blas, protector contra las enfermedades, pedimos tu intercesión para la sanación de nuestras encías y dientes.

Sana nuestros cuerpos y renueva nuestra fe.

Guía a los que cuidan de nuestra salud dental, para que, con tu ayuda, podamos mantener una sonrisa sana y libre de dolor. Amén.

Padre Nuestro, que estás en el cielo, santificado sea tu nombre; venga a nosotros tu reino; hágase tu voluntad, en la tierra como en el cielo.

Danos hoy nuestro pan de cada día; perdona nuestras ofensas, como también nosotros perdonamos a los que nos ofenden; no nos dejes caer en la tentación, y líbranos del mal. Amén.

Dios te salve, María, llena eres de gracia, el Señor es contigo.

Bendita tú eres entre todas las mujeres, y bendito es el fruto de tu vientre: Jesús.

Santa María, Madre de Dios, ruega por nosotros, pecadores, ahora y en la hora de nuestra muerte. Amén.

Gloria al Padre, al Hijo y al Espíritu Santo.

Como era en el principio, ahora y siempre, por los siglos de los siglos. Amén.

DÍA 3: POR LA CURACIÓN DE ENFERMEDADES EN VÍAS RESPIRATORIAS

Glorioso San Blas, acudimos a ti en busca de alivio para las enfermedades que afectan nuestras vías respiratorias.

Sana nuestros cuerpos y renueva nuestra fe.

Intercede por nosotros para que podamos respirar con facilidad, experimentando el aliento de vida que Dios nos ha dado. Amén.

Padre Nuestro, que estás en el cielo, santificado sea tu nombre; venga a nosotros tu reino; hágase tu voluntad, en la tierra como en el cielo.

Danos hoy nuestro pan de cada día; perdona nuestras ofensas, como también nosotros perdonamos a los que nos ofenden; no nos dejes caer en la tentación, y líbranos del mal. Amén.

Dios te salve, María, llena eres de gracia, el Señor es contigo.

Bendita tú eres entre todas las mujeres, y bendito es el fruto de tu vientre: Jesús.

Santa María, Madre de Dios, ruega por nosotros, pecadores, ahora y en la hora de nuestra muerte. Amén.

Gloria al Padre, al Hijo y al Espíritu Santo.

Como era en el principio, ahora y siempre, por los siglos de los siglos. Amén.

DÍA 4: POR LA PROTECCIÓN CONTRA LA FALTA DE AIRE

San Blas, médico celestial, te rogamos por aquellos que sufren de falta de aire y dificultades respiratorias.

Sana nuestros cuerpos y renueva nuestra fe.

Que tu intercesión les brinde el consuelo y la fortaleza necesarios para superar estas pruebas. Amén.

Padre Nuestro, que estás en el cielo, santificado sea tu nombre; venga a nosotros tu reino; hágase tu voluntad, en la tierra como en el cielo.

Danos hoy nuestro pan de cada día; perdona nuestras ofensas, como también nosotros perdonamos a los que nos ofenden; no nos dejes caer en la tentación, y líbranos del mal. Amén.

Dios te salve, María, llena eres de gracia, el Señor es contigo.

Bendita tú eres entre todas las mujeres, y bendito es el fruto de tu vientre: Jesús.

Santa María, Madre de Dios, ruega por nosotros, pecadores, ahora y en la hora de nuestra muerte. Amén.

Gloria al Padre, al Hijo y al Espíritu Santo.

Como era en el principio, ahora y siempre, por los siglos de los siglos. Amén.

DÍA 5: POR LA PROTECCIÓN CONTRA ATORAMIENTOS EN LA GARGANTA

Oh valiente San Blas, te imploramos tu protección especial contra los atoramientos en la garganta, peligros que pueden afligirnos inesperadamente.

Sana nuestros cuerpos y renueva nuestra fe.

Que tu bendición nos guarde seguros en cada bocado y cada aliento. Amén.

Padre Nuestro, que estás en el cielo, santificado sea tu nombre; venga a nosotros tu reino; hágase tu voluntad, en la tierra como en el cielo.

Danos hoy nuestro pan de cada día; perdona nuestras ofensas, como también nosotros perdonamos a los que nos ofenden; no nos dejes caer en la tentación, y líbranos del mal. Amén.

Dios te salve, María, llena eres de gracia, el Señor es contigo.

Bendita tú eres entre todas las mujeres, y bendito es el fruto de tu vientre: Jesús.

Santa María, Madre de Dios, ruega por nosotros, pecadores, ahora y en la hora de nuestra muerte. Amén.

Gloria al Padre, al Hijo y al Espíritu Santo.

Como era en el principio, ahora y siempre, por los siglos de los siglos. Amén.

DÍA 6: POR LA SANACIÓN DE LAS ENFERMEDADES FEBRILES

Fiel San Blas, que con compasión atendiste a los enfermos, pedimos tu ayuda para aquellos que luchan contra las enfermedades febriles.

Sana nuestros cuerpos y renueva nuestra fe.

Que tu intercesión les traiga alivio y una rápida recuperación. Amén.

Padre Nuestro, que estás en el cielo, santificado sea tu nombre; venga a nosotros tu reino; hágase tu voluntad, en la tierra como en el cielo.

Danos hoy nuestro pan de cada día; perdona nuestras ofensas, como también nosotros perdonamos a los que nos ofenden; no nos dejes caer en la tentación, y líbranos del mal. Amén.

Dios te salve, María, llena eres de gracia, el Señor es contigo.

Bendita tú eres entre todas las mujeres, y bendito es el fruto de tu vientre: Jesús.

Santa María, Madre de Dios, ruega por nosotros, pecadores, ahora y en la hora de nuestra muerte. Amén.

Gloria al Padre, al Hijo y al Espíritu Santo.

Como era en el principio, ahora y siempre, por los siglos de los siglos. Amén.

DÍA 7: POR LA FORTALEZA EN TIEMPOS DE ENFERMEDAD

Amado San Blas, en tiempos de enfermedad, que tu ejemplo de fe y perseverancia inspire en nosotros una fortaleza renovada.

Sana nuestros cuerpos y renueva nuestra fe.

Ayúdanos a confiar en el amor curativo de Dios, encontrando paz y consuelo en su presencia. Amén.

Padre Nuestro, que estás en el cielo, santificado sea tu nombre; venga a nosotros tu reino; hágase tu voluntad, en la tierra como en el cielo.

Danos hoy nuestro pan de cada día; perdona nuestras ofensas, como también nosotros perdonamos a los que nos ofenden; no nos dejes caer en la tentación, y líbranos del mal. Amén.

Dios te salve, María, llena eres de gracia, el Señor es contigo.

Bendita tú eres entre todas las mujeres, y bendito es el fruto de tu vientre: Jesús.

Santa María, Madre de Dios, ruega por nosotros, pecadores, ahora y en la hora de nuestra muerte. Amén.

Gloria al Padre, al Hijo y al Espíritu Santo.

Como era en el principio, ahora y siempre, por los siglos de los siglos. Amén.

DÍA 8: POR LOS PROFESIONALES DE LA SALUD

Oh San Blas, guía y bendice a los médicos, enfermeras y a todos los profesionales de la salud que cuidan de nosotros.

Sana nuestros cuerpos y renueva nuestra fe.

Que tu sabiduría les inspire y que tu protección los acompañe en su noble labor de sanar. Amén.

Padre Nuestro, que estás en el cielo, santificado sea tu nombre; venga a nosotros tu reino; hágase tu voluntad, en la tierra como en el cielo.

Danos hoy nuestro pan de cada día; perdona nuestras ofensas, como también nosotros perdonamos a los que nos ofenden; no nos dejes caer en la tentación, y líbranos del mal. Amén.

Dios te salve, María, llena eres de gracia, el Señor es contigo.

Bendita tú eres entre todas las mujeres, y bendito es el fruto de tu vientre: Jesús.

Santa María, Madre de Dios, ruega por nosotros, pecadores, ahora y en la hora de nuestra muerte. Amén.

Gloria al Padre, al Hijo y al Espíritu Santo.

Como era en el principio, ahora y siempre, por los siglos de los siglos. Amén.

DÍA 9: EN ACCIÓN DE GRACIAS POR LAS BENDICIONES RECIBIDAS

En este último día de nuestra novena, te damos gracias, San Blas, por las oraciones atendidas y las bendiciones recibidas.

Sana nuestros cuerpos y renueva nuestra fe.

Que nuestro corazón se llene de gratitud hacia Dios y hacia ti, comprometiéndonos a vivir una vida de amor, servicio y compasión. Amén.

Padre Nuestro, que estás en el cielo, santificado sea tu nombre; venga a nosotros tu reino; hágase tu voluntad, en la tierra como en el cielo.

Danos hoy nuestro pan de cada día; perdona nuestras ofensas, como también nosotros perdonamos a los que nos ofenden; no nos dejes caer en la tentación, y líbranos del mal. Amén.

Dios te salve, María, llena eres de gracia, el Señor es contigo.

Bendita tú eres entre todas las mujeres, y bendito es el fruto de tu vientre: Jesús.

Santa María, Madre de Dios, ruega por nosotros, pecadores, ahora y en la hora de nuestra muerte. Amén.

Gloria al Padre, al Hijo y al Espíritu Santo.

Como era en el principio, ahora y siempre, por los siglos de los siglos. Amén.

ORACIÓN PARA FINALIZAR LA NOVENA A SAN BLAS

Glorioso San Blas, mártir y médico celestial, con gratitud concluimos esta novena que hemos dedicado a tu honor.

Durante estos días, hemos buscado tu intercesión para la curación de nuestras dolencias y la protección contra los peligros que amenazan nuestra salud física y espiritual.

Te damos gracias por acompañarnos con tu presencia y por presentar nuestras súplicas ante el trono de Dios.

Renueva en nosotros un espíritu de fe y fortaleza, para que podamos enfrentar los desafíos de la vida con confianza en la providencia divina.

Que las bendiciones recibidas a través de tu intercesión nos inspiren a ser testigos del amor y la misericordia de Dios en el mundo.

Concede que sigamos tu ejemplo de servicio y dedicación a los demás, viviendo nuestras vidas en plenitud de amor hacia Dios y hacia nuestro prójimo. Amén.

Cada oración está escrita para centrarse en una solicitud específica de intercesión por la salud y protección, siguiendo el ejemplo de San Blas como protector y sanador.

Santa Catalina

Festividad:	Noviembre 25

Se le pide ayuda para:
Tener protección contra una muerte súbita o
contra una muerte causada por un accidente.

VIDA DE LA SANTA

Santa Catalina de Alejandría es una de las santas mártires más veneradas en la tradición cristiana, conocida por su sabiduría, su elocuencia y su inquebrantable fe.

Su historia se ha transmitido a través de los siglos, inspirando a fieles de todo el mundo con su valentía y su poderosa intercesión.

Nacida en Alejandría, Egipto, en el siglo IV, Catalina pertenecía a la nobleza y recibió una educación excepcional, destacándose por su inteligencia y sabiduría desde joven.

Se convirtió al cristianismo tras una visión en la que la Virgen María la presentó a Jesucristo, quien se convirtió en su esposo místico.

Catalina es especialmente recordada por su desafío al emperador romano Maximino Daia, a quien confrontó por su persecución a los cristianos.

Se dice que en un debate público, Catalina, con su elocuencia e inteligencia, logró convertir a muchos de los paganos presentes y hasta a algunos de los asesores del emperador.

Furioso, Maximino ordenó su encarcelamiento y tortura.

Se cuenta que mientras estaba en prisión, Catalina logró convertir a 50 filósofos paganos enviados por el emperador para refutarla, así como a la propia esposa del emperador y a varios soldados.

Finalmente, Catalina fue condenada a morir en una rueda de tortura, pero cuando fue atada a ella, la rueda se rompió milagrosamente.

Inalterable ante este signo, el emperador ordenó su decapitación.

La veneración de Santa Catalina se extendió rápidamente después de su muerte.

Según la tradición, ángeles llevaron su cuerpo al Monte Sinaí, donde más tarde se construyó el famoso Monasterio de Santa Catalina, uno de los más antiguos monasterios cristianos que aún se encuentran en funcionamiento.

Santa Catalina de Alejandría es considerada la patrona de los estudiantes, los filósofos, los abogados y todos aquellos que buscan la verdad y la sabiduría.

También se invoca su protección contra muerte súbita o causada por un accidente, recordando su propia muerte mártir y su fe que, incluso en la adversidad, se mantuvo firme hasta el final.

Su fiesta se celebra el 25 de noviembre, y su historia sigue siendo un poderoso recordatorio de la fuerza de la fe, la importancia de la sabiduría y el poder de la intercesión divina.

ORACIÓN PARA EMPEZAR A REZAR LA NOVENA A SANTA CATALINA DE ALEJANDRÍA

Nota: Cada uno de los 9 días, rece primero esta oración y luego la oración correspondiente al día.

Oh sabia y valiente Santa Catalina de Alejandría, que con tu elocuencia y fe inquebrantable desafiaste a los poderosos de tu tiempo y defendiste con firmeza la verdad del Evangelio, nos postramos ante ti al iniciar esta novena en tu honor.

Intercede por nosotros ante nuestro Señor, para que, como tú, podamos ser fuertes en nuestra fe, sabios en nuestras decisiones y elocuentes en nuestra defensa de la verdad.

Protégenos, amada santa, contra toda muerte súbita o causada por accidente, y guíanos por el camino de la rectitud y la sabiduría.

Que esta novena fortalezca nuestra fe y nos acerque más a la perfección cristiana, siguiendo tu ejemplo de valentía y santidad. Amén.

DÍA 1: POR LA PROTECCIÓN CONTRA LA MUERTE SÚBITA

Oh Santa Catalina de Alejandría, que con valentía enfrentaste a los poderosos, te pedimos tu intercesión para protegernos contra toda muerte súbita.

Protégenos en todo momento, amada santa.

Que podamos vivir cada día plenamente, en gracia y preparación para encontrarnos con nuestro Creador. Amén.

Padre Nuestro, que estás en el cielo, santificado sea tu nombre; venga a nosotros tu reino; hágase tu voluntad, en la tierra como en el cielo.

Danos hoy nuestro pan de cada día; perdona nuestras ofensas, como también nosotros perdonamos a los que nos ofenden; no nos dejes caer en la tentación, y líbranos del mal. Amén.

Dios te salve, María, llena eres de gracia, el Señor es contigo.

Bendita tú eres entre todas las mujeres, y bendito es el fruto de tu vientre: Jesús.

Santa María, Madre de Dios, ruega por nosotros, pecadores, ahora y en la hora de nuestra muerte. Amén.

Gloria al Padre, al Hijo y al Espíritu Santo.

Como era en el principio, ahora y siempre, por los siglos de los siglos. Amén.

DÍA 2: POR LA SABIDURÍA EN NUESTRAS DECISIONES

Sabia Santa Catalina, cuya inteligencia iluminó el camino de muchos hacia la verdad, otórganos la gracia de la sabiduría para tomar decisiones justas y correctas en nuestra vida, reflejando siempre el amor de Dios en nuestras acciones.

Protégenos en todo momento, amada santa. Amén.

Padre Nuestro, que estás en el cielo, santificado sea tu nombre; venga a nosotros tu reino; hágase tu voluntad, en la tierra como en el cielo.

Danos hoy nuestro pan de cada día; perdona nuestras ofensas, como también nosotros perdonamos a los que nos ofenden; no nos dejes caer en la tentación, y líbranos del mal. Amén.

Dios te salve, María, llena eres de gracia, el Señor es contigo.

Bendita tú eres entre todas las mujeres, y bendito es el fruto de tu vientre: Jesús.

Santa María, Madre de Dios, ruega por nosotros, pecadores, ahora y en la hora de nuestra muerte. Amén.

Gloria al Padre, al Hijo y al Espíritu Santo.

Como era en el principio, ahora y siempre, por los siglos de los siglos. Amén.

DÍA 3: POR LA ELOCUENCIA EN LA DEFENSA DE NUESTRA FE

Valiente mártir, que defendiste la fe con elocuencia y convicción, ayuda a que nuestras palabras sean un reflejo de la verdad divina, capaces de inspirar y convertir corazones hacia el amor de Cristo.

Protégenos en todo momento, amada santa. Amén.

Padre Nuestro, que estás en el cielo, santificado sea tu nombre; venga a nosotros tu reino; hágase tu voluntad, en la tierra como en el cielo.

Danos hoy nuestro pan de cada día; perdona nuestras ofensas, como también nosotros perdonamos a los que nos ofenden; no nos dejes caer en la tentación, y líbranos del mal. Amén.

Dios te salve, María, llena eres de gracia, el Señor es contigo.

Bendita tú eres entre todas las mujeres, y bendito es el fruto de tu vientre: Jesús.

Santa María, Madre de Dios, ruega por nosotros, pecadores, ahora y en la hora de nuestra muerte. Amén.

Gloria al Padre, al Hijo y al Espíritu Santo.

Como era en el principio, ahora y siempre, por los siglos de los siglos. Amén.

DÍA 4: POR LA PROTECCIÓN CONTRA ACCIDENTES

Protectora Santa Catalina, intercede por nosotros para que seamos preservados de cualquier accidente o peligro, y que la mano protectora de Dios nos guíe en cada paso de nuestro camino.

Protégenos en todo momento, amada santa. Amén.

Padre Nuestro, que estás en el cielo, santificado sea tu nombre; venga a nosotros tu reino; hágase tu voluntad, en la tierra como en el cielo.

Danos hoy nuestro pan de cada día; perdona nuestras ofensas, como también nosotros perdonamos a los que nos ofenden; no nos dejes caer en la tentación, y líbranos del mal. Amén.

Dios te salve, María, llena eres de gracia, el Señor es contigo.

Bendita tú eres entre todas las mujeres, y bendito es el fruto de tu vientre: Jesús.

Santa María, Madre de Dios, ruega por nosotros, pecadores, ahora y en la hora de nuestra muerte. Amén.

Gloria al Padre, al Hijo y al Espíritu Santo.

Como era en el principio, ahora y siempre, por los siglos de los siglos. Amén.

DÍA 5: POR LA FORTALEZA EN TIEMPOS DE PRUEBA

En los momentos de dificultad y prueba, Santa Catalina, sé nuestra guía y fortaleza, para que, como tú, podamos enfrentar con valentía y confianza los desafíos que la vida nos presente.

Protégenos en todo momento, amada santa. Amén.

Padre Nuestro, que estás en el cielo, santificado sea tu nombre; venga a nosotros tu reino; hágase tu voluntad, en la tierra como en el cielo.

Danos hoy nuestro pan de cada día; perdona nuestras ofensas, como también nosotros perdonamos a los que nos ofenden; no nos dejes caer en la tentación, y líbranos del mal. Amén.

Dios te salve, María, llena eres de gracia, el Señor es contigo.

Bendita tú eres entre todas las mujeres, y bendito es el fruto de tu vientre: Jesús.

Santa María, Madre de Dios, ruega por nosotros, pecadores, ahora y en la hora de nuestra muerte. Amén.

Gloria al Padre, al Hijo y al Espíritu Santo.

Como era en el principio, ahora y siempre, por los siglos de los siglos. Amén.

DÍA 6: POR LA PACIENCIA Y PERSEVERANCIA EN LA ADVERSIDAD

Oh Santa Catalina, que soportaste la adversidad con paciencia y fe inquebrantable, concédenos la gracia de la perseverancia para superar los obstáculos en nuestro camino hacia la santidad.

Protégenos en todo momento, amada santa. Amén.

Padre Nuestro, que estás en el cielo, santificado sea tu nombre; venga a nosotros tu reino; hágase tu voluntad, en la tierra como en el cielo.

Danos hoy nuestro pan de cada día; perdona nuestras ofensas, como también nosotros perdonamos a los que nos ofenden; no nos dejes caer en la tentación, y líbranos del mal. Amén.

Dios te salve, María, llena eres de gracia, el Señor es contigo.

Bendita tú eres entre todas las mujeres, y bendito es el fruto de tu vientre: Jesús.

Santa María, Madre de Dios, ruega por nosotros, pecadores, ahora y en la hora de nuestra muerte. Amén.

Gloria al Padre, al Hijo y al Espíritu Santo.

Como era en el principio, ahora y siempre, por los siglos de los siglos. Amén.

DÍA 7: POR LA CONVERSIÓN DE LOS CORAZONES

Te pedimos, Santa Catalina, que intercedas por la conversión de aquellos que aún no conocen el amor y la misericordia de Dios, para que sus corazones se abran a la verdad del Evangelio y encuentren la paz en Cristo.

Protégenos en todo momento, amada santa. Amén.

Padre Nuestro, que estás en el cielo, santificado sea tu nombre; venga a nosotros tu reino; hágase tu voluntad, en la tierra como en el cielo.

Danos hoy nuestro pan de cada día; perdona nuestras ofensas, como también nosotros perdonamos a los que nos ofenden; no nos dejes caer en la tentación, y líbranos del mal. Amén.

Dios te salve, María, llena eres de gracia, el Señor es contigo.

Bendita tú eres entre todas las mujeres, y bendito es el fruto de tu vientre: Jesús.

Santa María, Madre de Dios, ruega por nosotros, pecadores, ahora y en la hora de nuestra muerte. Amén.

Gloria al Padre, al Hijo y al Espíritu Santo.

Como era en el principio, ahora y siempre, por los siglos de los siglos. Amén.

DÍA 8: POR LOS ESTUDIANTES Y BUSCADORES DE LA VERDAD

Patrona de los estudiantes y filósofos, bendice a aquellos que buscan la verdad, iluminando su camino con tu sabiduría y guiándolos hacia el conocimiento que conduce a una mayor comprensión de Dios y su creación.

Protégenos en todo momento, amada santa. Amén.

Padre Nuestro, que estás en el cielo, santificado sea tu nombre; venga a nosotros tu reino; hágase tu voluntad, en la tierra como en el cielo.

Danos hoy nuestro pan de cada día; perdona nuestras ofensas, como también nosotros perdonamos a los que nos ofenden; no nos dejes caer en la tentación, y líbranos del mal. Amén.

Dios te salve, María, llena eres de gracia, el Señor es contigo.

Bendita tú eres entre todas las mujeres, y bendito es el fruto de tu vientre: Jesús.

Santa María, Madre de Dios, ruega por nosotros, pecadores, ahora y en la hora de nuestra muerte. Amén.

Gloria al Padre, al Hijo y al Espíritu Santo.

Como era en el principio, ahora y siempre, por los siglos de los siglos. Amén.

DÍA 9: EN ACCIÓN DE GRACIAS

Al concluir esta novena, ofrecemos nuestra más sincera gratitud por tu intercesión, Santa Catalina.

Que las lecciones de tu vida y martirio inspiren nuestras acciones y refuercen nuestra fe, llevándonos cada día más cerca de Dios.

Protégenos en todo momento, amada santa. Amén.

Padre Nuestro, que estás en el cielo, santificado sea tu nombre; venga a nosotros tu reino; hágase tu voluntad, en la tierra como en el cielo.

Danos hoy nuestro pan de cada día; perdona nuestras ofensas, como también nosotros perdonamos a los que nos ofenden; no nos dejes caer en la tentación, y líbranos del mal. Amén.

Dios te salve, María, llena eres de gracia, el Señor es contigo.

Bendita tú eres entre todas las mujeres, y bendito es el fruto de tu vientre: Jesús.

Santa María, Madre de Dios, ruega por nosotros, pecadores, ahora y en la hora de nuestra muerte. Amén.

Gloria al Padre, al Hijo y al Espíritu Santo.

Como era en el principio, ahora y siempre, por los siglos de los siglos. Amén.

ORACIÓN PARA FINALIZAR LA NOVENA A SANTA CATALINA DE ALEJANDRÍA

Gloriosa mártir Santa Catalina de Alejandría, que enfrentaste la muerte con una confianza inquebrantable en Dios, concluimos esta novena agradecidos por tu intercesión y tu inspiración.

Te damos gracias por acompañarnos en estos días de oración, fortaleciendo nuestra fe y aumentando nuestra sabiduría.

Con tu ayuda, hemos buscado la protección divina contra los peligros que amenazan nuestra vida terrenal.

Que las gracias que hemos implorado a través de tu intercesión sean concedidas según la voluntad de Dios, y que nuestra vida refleje siempre el amor y la sabiduría de Cristo.

Inspíranos a seguir tu ejemplo, viviendo con valentía y compromiso en la búsqueda de la verdad y la justicia.

Santa Catalina, mártir sabia, ruega por nosotros hoy y siempre. Amén.

Cada oración de esta novena a Santa Catalina de Alejandría busca la intercesión de la santa en diferentes aspectos de la vida espiritual y física, pidiendo su protección, sabiduría y guía en la imitación de su fe y coraje.

San Cristobal

Festividad:	Julio 25

Se le pide ayuda para:
Que nos brinde proteción contra la peste bubónica y cualquier otra enfermedad contagiosa que pudieran causar una pandemia.

VIDA DEL SANTO

San Cristóbal, cuyo nombre significa "portador de Cristo", es una de las figuras más veneradas y enigmáticas en la tradición cristiana.

Aunque la historicidad de su vida está envuelta en el misterio, las leyendas y relatos sobre San Cristóbal han inspirado a los fieles durante siglos, convirtiéndolo en el patrón de los viajeros y de aquellos que buscan protección contra peligros y enfermedades.

Según la leyenda más difundida, San Cristóbal era un hombre de gran estatura y fuerza que vivió durante el siglo III.

Buscando servir al más poderoso de los señores, se dice que primero se unió a un rey terrenal, solo para descubrir que este rey temía al diablo.

Luego, al darse cuenta de que el diablo temía a Cristo, Cristóbal decidió que serviría a Cristo, el Señor de señores.

Se cuenta que para servir a Cristo, Cristóbal se estableció junto a un río peligroso y se dedicó a ayudar a los viajeros a cruzarlo.

Un día, un niño pequeño le pidió ayuda para cruzar el río.

Mientras lo cargaba sobre sus hombros, Cristóbal sintió que el peso del niño aumentaba hasta volverse casi insoportable.

Al alcanzar la otra orilla, el niño reveló ser Cristo mismo, quien le dijo a Cristóbal que había llevado sobre sus hombros el peso del mundo.

Por esta razón, San Cristóbal es a menudo representado llevando a un niño Jesús sobre sus hombros.

San Cristóbal es invocado como protector contra la muerte repentina y como patrón de los viajeros.

Se le pide su protección para aquellos que se enfrentan a travesías peligrosas o inciertas, así como su intercesión para la protección contra plagas y enfermedades contagiosas.

En tiempos de pandemia, su figura cobra especial relevancia, simbolizando la esperanza y la seguridad en medio de la incertidumbre.

A lo largo de los siglos, San Cristóbal ha sido un símbolo de fe y protección.

Su disposición a llevar a Cristo, literal y figurativamente, lo convierte en un modelo de servicio desinteresado y dedicación.

La historia de San Cristóbal nos recuerda la importancia de ayudar a los demás, especialmente a aquellos que se encuentran en situaciones de vulnerabilidad o peligro.

ORACIÓN PARA EMPEZAR A REZAR LA NOVENA A SAN CRISTÓBAL

Nota: Cada uno de los 9 días, rece primero esta oración y luego la oración correspondiente al día.

Oh poderoso San Cristóbal, portador de Cristo, cuyo nombre significa "portador de Cristo", venimos ante ti con corazones llenos de fe al comenzar esta novena en tu honor.

Tú, que llevaste al Niño Jesús a través de las aguas turbulentas, te pedimos tu firme protección contra toda plaga y enfermedad contagiosa.

En estos tiempos de incertidumbre y prueba, sé nuestro guardián en la salud, especialmente durante pandemias, y guíanos seguros en todos nuestros viajes.

Que tu ejemplo de servicio y confianza en Dios nos inspire a llevar a Cristo en nuestros corazones, mostrando amor y compasión a todos los que encontramos en nuestro camino.

Intercede por nosotros,

San Cristóbal, para que seamos protegidos de todo mal y enfermedad, y para que nuestros viajes, tanto físicos como espirituales, estén siempre bajo la mirada amorosa de Dios. Amén.

DÍA 1: POR PROTECCIÓN CONTRA LA PLAGA

Oh San Cristóbal, protector poderoso, te pedimos tu intercesión para que nos guardes a nosotros y a nuestros seres queridos de la plaga y de todas las enfermedades contagiosas.

Que tu manto protector nos cubra, preservando nuestra salud y bienestar. Amén.

Padre Nuestro, que estás en el cielo, santificado sea tu nombre; venga a nosotros tu reino; hágase tu voluntad, en la tierra como en el cielo.

Danos hoy nuestro pan de cada día; perdona nuestras ofensas, como también nosotros perdonamos a los que nos ofenden; no nos dejes caer en la tentación, y líbranos del mal. Amén.

Dios te salve, María, llena eres de gracia, el Señor es contigo.

Bendita tú eres entre todas las mujeres, y bendito es el fruto de tu vientre: Jesús.

Santa María, Madre de Dios, ruega por nosotros, pecadores, ahora y en la hora de nuestra muerte. Amén.

Gloria al Padre, al Hijo y al Espíritu Santo.

Como era en el principio, ahora y siempre, por los siglos de los siglos. Amén.

DÍA 2: POR FORTALEZA DURANTE UNA PANDEMIA

Valiente San Cristóbal, en estos tiempos de pandemia, fortalécenos con la esperanza y la confianza en el amor providencial de Dios.

Ayúdanos a mantener la fe y la serenidad ante la incertidumbre, sabiendo que no estamos solos. Amén.

Padre Nuestro, que estás en el cielo, santificado sea tu nombre; venga a nosotros tu reino; hágase tu voluntad, en la tierra como en el cielo.

Danos hoy nuestro pan de cada día; perdona nuestras ofensas, como también nosotros perdonamos a los que nos ofenden; no nos dejes caer en la tentación, y líbranos del mal. Amén.

Dios te salve, María, llena eres de gracia, el Señor es contigo.

Bendita tú eres entre todas las mujeres, y bendito es el fruto de tu vientre: Jesús.

Santa María, Madre de Dios, ruega por nosotros, pecadores, ahora y en la hora de nuestra muerte. Amén.

Gloria al Padre, al Hijo y al Espíritu Santo.

Como era en el principio, ahora y siempre, por los siglos de los siglos. Amén.

DÍA 3: POR SEGURIDAD EN NUESTROS VIAJES

Protector de los viajeros, San Cristóbal, guía nuestros pasos y viajes con tu intercesión.

Que seamos preservados de accidentes y peligros, y lleguemos a nuestros destinos sanos y salvos bajo tu amparo. Amén.

Padre Nuestro, que estás en el cielo, santificado sea tu nombre; venga a nosotros tu reino; hágase tu voluntad, en la tierra como en el cielo.

Danos hoy nuestro pan de cada día; perdona nuestras ofensas, como también nosotros perdonamos a los que nos ofenden; no nos dejes caer en la tentación, y líbranos del mal. Amén.

Dios te salve, María, llena eres de gracia, el Señor es contigo.

Bendita tú eres entre todas las mujeres, y bendito es el fruto de tu vientre: Jesús.

Santa María, Madre de Dios, ruega por nosotros, pecadores, ahora y en la hora de nuestra muerte. Amén.

Gloria al Padre, al Hijo y al Espíritu Santo.

Como era en el principio, ahora y siempre, por los siglos de los siglos. Amén.

DÍA 4: POR LOS TRABAJADORES DE LA SALUD

Intercede, San Cristóbal, por todos los trabajadores de la salud que se esfuerzan por cuidar a los enfermos y contener la propagación de enfermedades.

Que encuentren fuerza, sabiduría y protección en su noble labor. Amén.

Padre Nuestro, que estás en el cielo, santificado sea tu nombre; venga a nosotros tu reino; hágase tu voluntad, en la tierra como en el cielo.

Danos hoy nuestro pan de cada día; perdona nuestras ofensas, como también nosotros perdonamos a los que nos ofenden; no nos dejes caer en la tentación, y líbranos del mal. Amén.

Dios te salve, María, llena eres de gracia, el Señor es contigo.

Bendita tú eres entre todas las mujeres, y bendito es el fruto de tu vientre: Jesús.

Santa María, Madre de Dios, ruega por nosotros, pecadores, ahora y en la hora de nuestra muerte. Amén.

Gloria al Padre, al Hijo y al Espíritu Santo.

Como era en el principio, ahora y siempre, por los siglos de los siglos. Amén.

DÍA 5: POR LOS ENFERMOS Y AFLIGIDOS

Oh San Cristóbal, consuela a los enfermos y a todos aquellos que sufren debido a enfermedades contagiosas.

Que sientan la presencia reconfortante de Dios a su lado y reciban la sanación según Su divina voluntad. Amén.

Padre Nuestro, que estás en el cielo, santificado sea tu nombre; venga a nosotros tu reino; hágase tu voluntad, en la tierra como en el cielo.

Danos hoy nuestro pan de cada día; perdona nuestras ofensas, como también nosotros perdonamos a los que nos ofenden; no nos dejes caer en la tentación, y líbranos del mal. Amén.

Dios te salve, María, llena eres de gracia, el Señor es contigo.

Bendita tú eres entre todas las mujeres, y bendito es el fruto de tu vientre: Jesús.

Santa María, Madre de Dios, ruega por nosotros, pecadores, ahora y en la hora de nuestra muerte. Amén.

Gloria al Padre, al Hijo y al Espíritu Santo.

Como era en el principio, ahora y siempre, por los siglos de los siglos. Amén.

DÍA 6: POR LA ERRADICACIÓN DE LAS ENFERMEDADES

Pedimos tu poderosa intercesión, San Cristóbal, para la erradicación de las enfermedades que afligen a nuestra humanidad.

Inspira a los investigadores y científicos a encontrar curas efectivas para el bienestar de todos. Amén.

Padre Nuestro, que estás en el cielo, santificado sea tu nombre; venga a nosotros tu reino; hágase tu voluntad, en la tierra como en el cielo.

Danos hoy nuestro pan de cada día; perdona nuestras ofensas, como también nosotros perdonamos a los que nos ofenden; no nos dejes caer en la tentación, y líbranos del mal. Amén.

Dios te salve, María, llena eres de gracia, el Señor es contigo.

Bendita tú eres entre todas las mujeres, y bendito es el fruto de tu vientre: Jesús.

Santa María, Madre de Dios, ruega por nosotros, pecadores, ahora y en la hora de nuestra muerte. Amén.

Gloria al Padre, al Hijo y al Espíritu Santo.

Como era en el principio, ahora y siempre, por los siglos de los siglos. Amén.

DÍA 7: POR LA PROTECCIÓN DE NUESTRAS FAMILIAS

Protege a nuestras familias, San Cristóbal, de cualquier daño o enfermedad.

Que nuestro hogar sea un refugio de amor, salud y paz bajo tu vigilancia constante. Amén.

Padre Nuestro, que estás en el cielo, santificado sea tu nombre; venga a nosotros tu reino; hágase tu voluntad, en la tierra como en el cielo.

Danos hoy nuestro pan de cada día; perdona nuestras ofensas, como también nosotros perdonamos a los que nos ofenden; no nos dejes caer en la tentación, y líbranos del mal. Amén.

Dios te salve, María, llena eres de gracia, el Señor es contigo.

Bendita tú eres entre todas las mujeres, y bendito es el fruto de tu vientre: Jesús.

Santa María, Madre de Dios, ruega por nosotros, pecadores, ahora y en la hora de nuestra muerte. Amén.

Gloria al Padre, al Hijo y al Espíritu Santo.

Como era en el principio, ahora y siempre, por los siglos de los siglos. Amén.

DÍA 8: POR LA PAZ EN TIEMPOS DE CRISIS

En tiempos de crisis y desafío, San Cristóbal, sé nuestra roca y nuestro consuelo.

Ayúdanos a encontrar la paz en el corazón y la mente, confiando en que Dios nos guía a través de las tormentas de la vida. Amén.

Padre Nuestro, que estás en el cielo, santificado sea tu nombre; venga a nosotros tu reino; hágase tu voluntad, en la tierra como en el cielo.

Danos hoy nuestro pan de cada día; perdona nuestras ofensas, como también nosotros perdonamos a los que nos ofenden; no nos dejes caer en la tentación, y líbranos del mal. Amén.

Dios te salve, María, llena eres de gracia, el Señor es contigo.

Bendita tú eres entre todas las mujeres, y bendito es el fruto de tu vientre: Jesús.

Santa María, Madre de Dios, ruega por nosotros, pecadores, ahora y en la hora de nuestra muerte. Amén.

Gloria al Padre, al Hijo y al Espíritu Santo.

Como era en el principio, ahora y siempre, por los siglos de los siglos. Amén.

DÍA 9: EN ACCIÓN DE GRACIAS

En este último día de nuestra novena, te damos gracias, San Cristóbal, por tu intercesión y protección.

Que las gracias recibidas nos inspiren a vivir con mayor fe, esperanza y amor, llevando a Cristo a los demás como tú lo hiciste. Amén.

Padre Nuestro, que estás en el cielo, santificado sea tu nombre; venga a nosotros tu reino; hágase tu voluntad, en la tierra como en el cielo.

Danos hoy nuestro pan de cada día; perdona nuestras ofensas, como también nosotros perdonamos a los que nos ofenden; no nos dejes caer en la tentación, y líbranos del mal. Amén.

Dios te salve, María, llena eres de gracia, el Señor es contigo.

Bendita tú eres entre todas las mujeres, y bendito es el fruto de tu vientre: Jesús.

Santa María, Madre de Dios, ruega por nosotros, pecadores, ahora y en la hora de nuestra muerte. Amén.

Gloria al Padre, al Hijo y al Espíritu Santo.

Como era en el principio, ahora y siempre, por los siglos de los siglos. Amén.

ORACIÓN PARA FINALIZAR LA NOVENA A SAN CRISTÓBAL

Gigante de la fe, San Cristóbal, te damos gracias por tu intercesión y protección durante estos días de oración.

A medida que concluimos esta novena, renovamos nuestra confianza en tu poderosa ayuda como nuestro protector en los viajes y guardián contra las enfermedades.

Ayúdanos a seguir tu ejemplo, llevando a Cristo en nuestras acciones y palabras, y siendo un faro de esperanza y amor para aquellos a nuestro alrededor.

Que las bendiciones recibidas por tu intercesión nos fortalezcan en nuestra fe y nos preparen para enfrentar los desafíos de la vida con coraje y confianza en la providencia de Dios.

Con gratitud y esperanza, te pedimos que continúes guiándonos y protegiéndonos en todos nuestros caminos. Amén.

Estas oraciones están escritas para enfocarse en distintas peticiones relacionadas con la protección, la salud y el bienestar, siguiendo el ejemplo de San Cristóbal como protector y guía en nuestros viajes y desafíos de la vida.

San Ciriaco

Festividad:	Agosto 8

Se le pide ayuda para:
Echar fuera todo espíritu maligno que pudiera estar causando enfermedades físicas, mentales o espirituales.

VIDA DEL SANTO

San Ciriaco, también conocido como Cyriacus, fue un mártir cristiano de la antigüedad, venerado por su fe inquebrantable y su poderosa intercesión.

Nació en Roma y desde joven se dedicó al servicio de Dios y al cuidado de los necesitados.

En la tradición de la Iglesia, San Ciriaco es recordado principalmente por su ministerio de exorcismo y sanación, especialmente en lo que respecta a las enfermedades de los ojos y la liberación de espíritus malignos.

Durante el reinado del emperador Diocleciano, conocido por su cruel persecución a los cristianos, Ciriaco utilizó sus dones espirituales para brindar alivio a aquellos que sufrían, tanto física como espiritualmente.

Se cuenta que, gracias a su profunda fe y oración, fue capaz de curar a los enfermos y expulsar demonios, lo que le ganó el respeto y la admiración de muchos, incluyendo a personas de alta posición social.

Sin embargo, su devoción a Cristo y su ministerio de sanación atrajeron la ira de las autoridades romanas.

Fue arrestado junto con otros cristianos y sometido a torturas en un intento por hacerlo renunciar a su fe.

Permaneciendo firme en su creencia, fue finalmente martirizado, entregando su vida como testimonio del amor y el poder de Dios.

La historia de San Ciriaco nos recuerda la importancia de la compasión, la fe y el coraje frente a la adversidad.

Su legado continúa vivo a través de la devoción de aquellos que buscan su intercesión para la curación de enfermedades de los ojos y la protección contra el mal.

Se celebra el 8 de agosto, día en el que los fieles recuerdan su sacrificio y buscan su ayuda en momentos de necesidad.

A través de los siglos, San Ciriaco ha sido invocado como protector contra los espíritus malignos y patrono de aquellos que sufren enfermedades de los ojos, testimonio de su incesante labor de sanación y liberación durante su vida.

Su historia inspira a los fieles a buscar la intercesión divina y a mantener viva la llama de la fe, incluso en los momentos más oscuros.

ORACIÓN PARA EMPEZAR A REZAR LA NOVENA A SAN CIRIACO

Nota: Cada uno de los 9 días, rece primero esta oración y luego la oración correspondiente al día.

Oh bendito San Ciriaco, valiente mártir y poderoso intercesor en la lucha contra los espíritus malignos y las enfermedades de los ojos, nos acercamos a ti en el inicio de esta novena buscando tu guía y protección.

Con fe y esperanza, te pedimos que intercedas ante nuestro Padre Celestial por nosotros, para que, mediante tu poderosa intercesión, podamos ser liberados de cualquier mal que aflija nuestro cuerpo o espíritu.

Ilumina nuestros corazones y mentes, para que podamos ver claramente el camino que Dios ha trazado para nosotros, libres de toda ceguera espiritual y física.

San Ciriaco, guíanos en esta novena con tu ejemplo de fortaleza y fe inquebrantable, para que podamos acercarnos más a Dios y experimentar su amor sanador en nuestras vidas. Amén.

DÍA 1: POR LA SANACIÓN DE ENFERMEDADES DE LOS OJOS

Oh San Ciriaco, que intercediste por la salud y el bienestar de aquellos a tu cuidado, te pedimos tu intercesión para la sanación de las enfermedades de los ojos.

Que aquellos que sufren de visión borrosa, dolor o cualquier otro malestar ocular encuentren alivio y restauración por tu gracia. Amén.

Padre Nuestro, que estás en el cielo, santificado sea tu nombre; venga a nosotros tu reino; hágase tu voluntad, en la tierra como en el cielo.

Danos hoy nuestro pan de cada día; perdona nuestras ofensas, como también nosotros perdonamos a los que nos ofenden; no nos dejes caer en la tentación, y líbranos del mal. Amén.

Dios te salve, María, llena eres de gracia, el Señor es contigo.

Bendita tú eres entre todas las mujeres, y bendito es el fruto de tu vientre: Jesús.

Santa María, Madre de Dios, ruega por nosotros, pecadores, ahora y en la hora de nuestra muerte. Amén.

Gloria al Padre, al Hijo y al Espíritu Santo.

Como era en el principio, ahora y siempre, por los siglos de los siglos. Amén.

DÍA 2: POR PROTECCIÓN CONTRA LOS ESPÍRITUS MALIGNOS

Poderoso San Ciriaco, guerrero contra el mal, pedimos tu protección contra todo espíritu maligno que busque dañarnos o desviarnos del camino de Dios.

Rodea nuestras vidas con tu luz y tu fuerza, manteniéndonos seguros en la fe. Amén.

Padre Nuestro, que estás en el cielo, santificado sea tu nombre; venga a nosotros tu reino; hágase tu voluntad, en la tierra como en el cielo.

Danos hoy nuestro pan de cada día; perdona nuestras ofensas, como también nosotros perdonamos a los que nos ofenden; no nos dejes caer en la tentación, y líbranos del mal. Amén.

Dios te salve, María, llena eres de gracia, el Señor es contigo.

Bendita tú eres entre todas las mujeres, y bendito es el fruto de tu vientre: Jesús.

Santa María, Madre de Dios, ruega por nosotros, pecadores, ahora y en la hora de nuestra muerte. Amén.

Gloria al Padre, al Hijo y al Espíritu Santo.

Como era en el principio, ahora y siempre, por los siglos de los siglos. Amén.

DÍA 3: POR LA CLARIDAD DE LA VISIÓN ESPIRITUAL

Intercesor celestial, San Ciriaco, ora por nosotros para que nuestra visión espiritual sea clara y nuestra fe firme.

Que podamos ver las verdades de Dios con el corazón y la mente, guiándonos siempre hacia su amor y misericordia. Amén.

Padre Nuestro, que estás en el cielo, santificado sea tu nombre; venga a nosotros tu reino; hágase tu voluntad, en la tierra como en el cielo.

Danos hoy nuestro pan de cada día; perdona nuestras ofensas, como también nosotros perdonamos a los que nos ofenden; no nos dejes caer en la tentación, y líbranos del mal. Amén.

Dios te salve, María, llena eres de gracia, el Señor es contigo.

Bendita tú eres entre todas las mujeres, y bendito es el fruto de tu vientre: Jesús.

Santa María, Madre de Dios, ruega por nosotros, pecadores, ahora y en la hora de nuestra muerte. Amén.

Gloria al Padre, al Hijo y al Espíritu Santo.

Como era en el principio, ahora y siempre, por los siglos de los siglos. Amén.

DÍA 4: POR LA FORTALEZA EN LA ENFERMEDAD

Valiente mártir, San Ciriaco, consuela a los que sufren enfermedades, especialmente aquellas que afectan los ojos.

Bríndales fortaleza y esperanza, recordándoles el poder sanador de la oración y la fe en Dios. Amén.

Padre Nuestro, que estás en el cielo, santificado sea tu nombre; venga a nosotros tu reino; hágase tu voluntad, en la tierra como en el cielo.

Danos hoy nuestro pan de cada día; perdona nuestras ofensas, como también nosotros perdonamos a los que nos ofenden; no nos dejes caer en la tentación, y líbranos del mal. Amén.

Dios te salve, María, llena eres de gracia, el Señor es contigo.

Bendita tú eres entre todas las mujeres, y bendito es el fruto de tu vientre: Jesús.

Santa María, Madre de Dios, ruega por nosotros, pecadores, ahora y en la hora de nuestra muerte. Amén.

Gloria al Padre, al Hijo y al Espíritu Santo.

Como era en el principio, ahora y siempre, por los siglos de los siglos. Amén.

DÍA 5: POR LA LIBERACIÓN DE ATADURAS ESPIRITUALES

Oh San Ciriaco, libéranos de las ataduras espirituales que impiden nuestro crecimiento en la fe.

Que, por tu intercesión, seamos liberados de todo aquello que nos aparta del amor y la gracia de Dios. Amén.

Padre Nuestro, que estás en el cielo, santificado sea tu nombre; venga a nosotros tu reino; hágase tu voluntad, en la tierra como en el cielo.

Danos hoy nuestro pan de cada día; perdona nuestras ofensas, como también nosotros perdonamos a los que nos ofenden; no nos dejes caer en la tentación, y líbranos del mal. Amén.

Dios te salve, María, llena eres de gracia, el Señor es contigo.

Bendita tú eres entre todas las mujeres, y bendito es el fruto de tu vientre: Jesús.

Santa María, Madre de Dios, ruega por nosotros, pecadores, ahora y en la hora de nuestra muerte. Amén.

Gloria al Padre, al Hijo y al Espíritu Santo.

Como era en el principio, ahora y siempre, por los siglos de los siglos. Amén.

DÍA 6: POR LOS MÉDICOS Y EL PERSONAL SANITARIO

Te pedimos, San Ciriaco, que bendigas y guíes a los médicos, oftalmólogos y a todo el personal sanitario que cuida de la salud de los ojos.

Inspírales sabiduría y compasión en su trabajo, para que sean instrumentos de sanación en las manos de Dios. Amén.

Padre Nuestro, que estás en el cielo, santificado sea tu nombre; venga a nosotros tu reino; hágase tu voluntad, en la tierra como en el cielo.

Danos hoy nuestro pan de cada día; perdona nuestras ofensas, como también nosotros perdonamos a los que nos ofenden; no nos dejes caer en la tentación, y líbranos del mal. Amén.

Dios te salve, María, llena eres de gracia, el Señor es contigo.

Bendita tú eres entre todas las mujeres, y bendito es el fruto de tu vientre: Jesús.

Santa María, Madre de Dios, ruega por nosotros, pecadores, ahora y en la hora de nuestra muerte. Amén.

Gloria al Padre, al Hijo y al Espíritu Santo.

Como era en el principio, ahora y siempre, por los siglos de los siglos. Amén.

DÍA 7: POR LOS QUE SUFREN CEGUERA

Misericordioso San Ciriaco, intercede por aquellos que sufren de ceguera, tanto física como espiritual.

Que encuentren en la oscuridad la luz de Cristo, y que su fe sea la guía que ilumine su camino. Amén.

Padre Nuestro, que estás en el cielo, santificado sea tu nombre; venga a nosotros tu reino; hágase tu voluntad, en la tierra como en el cielo.

Danos hoy nuestro pan de cada día; perdona nuestras ofensas, como también nosotros perdonamos a los que nos ofenden; no nos dejes caer en la tentación, y líbranos del mal. Amén.

Dios te salve, María, llena eres de gracia, el Señor es contigo.

Bendita tú eres entre todas las mujeres, y bendito es el fruto de tu vientre: Jesús.

Santa María, Madre de Dios, ruega por nosotros, pecadores, ahora y en la hora de nuestra muerte. Amén.

Gloria al Padre, al Hijo y al Espíritu Santo.

Como era en el principio, ahora y siempre, por los siglos de los siglos. Amén.

DÍA 8: POR LA PAZ Y LA PROTECCIÓN EN NUESTROS HOGARES

Protector San Ciriaco, vela por nuestros hogares y nuestras familias, protegiéndolos de enfermedades y de la influencia del mal.

Que la paz de Dios reine en nuestros corazones y en nuestros hogares. Amén.

Padre Nuestro, que estás en el cielo, santificado sea tu nombre; venga a nosotros tu reino; hágase tu voluntad, en la tierra como en el cielo.

Danos hoy nuestro pan de cada día; perdona nuestras ofensas, como también nosotros perdonamos a los que nos ofenden; no nos dejes caer en la tentación, y líbranos del mal. Amén.

Dios te salve, María, llena eres de gracia, el Señor es contigo.

Bendita tú eres entre todas las mujeres, y bendito es el fruto de tu vientre: Jesús.

Santa María, Madre de Dios, ruega por nosotros, pecadores, ahora y en la hora de nuestra muerte. Amén.

Gloria al Padre, al Hijo y al Espíritu Santo.

Como era en el principio, ahora y siempre, por los siglos de los siglos. Amén.

DÍA 9: EN ACCIÓN DE GRACIAS

En este último día de nuestra novena, San Ciriaco, te damos gracias por tu intercesión y por las bendiciones recibidas.

Que nuestro agradecimiento se manifieste en una vida de servicio y amor al prójimo, siguiendo el ejemplo de Cristo. Amén.

Padre Nuestro, que estás en el cielo, santificado sea tu nombre; venga a nosotros tu reino; hágase tu voluntad, en la tierra como en el cielo.

Danos hoy nuestro pan de cada día; perdona nuestras ofensas, como también nosotros perdonamos a los que nos ofenden; no nos dejes caer en la tentación, y líbranos del mal. Amén.

Dios te salve, María, llena eres de gracia, el Señor es contigo.

Bendita tú eres entre todas las mujeres, y bendito es el fruto de tu vientre: Jesús.

Santa María, Madre de Dios, ruega por nosotros, pecadores, ahora y en la hora de nuestra muerte. Amén.

Gloria al Padre, al Hijo y al Espíritu Santo.

Como era en el principio, ahora y siempre, por los siglos de los siglos. Amén.

ORACIÓN PARA FINALIZAR LA NOVENA A SAN CIRIACO

Glorioso San Ciriaco, mártir y protector nuestro, te damos gracias por acompañarnos durante estos días de oración y reflexión.

Al concluir esta novena, nos sentimos fortalecidos en nuestra fe y confiados en tu intercesión ante el trono de la gracia divina.

Te rogamos que continúes velando por nosotros, defendiéndonos de todo mal y enfermedad, especialmente de aquellas que afectan nuestra vista y nos impiden ver la belleza de la creación de Dios.

Que, por tu mediación, seamos sanados tanto en cuerpo como en espíritu, y seamos capaces de testimoniar el poder del amor y la misericordia de Dios en el mundo.

San Ciriaco, que tu valentía y tu fe sean faros de luz en nuestras vidas, guiándonos siempre hacia la paz y la salvación eternas. Amén.

Estas oraciones diarias de la novena a San Ciriaco están escritas para cubrir distintos aspectos de la protección y sanación, especialmente enfocados en la salud de los ojos y la protección contra el mal, siguiendo el poderoso ejemplo de fe y servicio de San Ciriaco.

San Dionisio

Festividad:	Octubre 3 / 9

Se le pide ayuda para:
Que sane los dolores de cabeza y de cualquier otra parte del cuerpo.

VIDA DEL SANTO

San Dionisio, conocido también como Dionisio el Areopagita, es venerado como santo tanto en la tradición occidental como en la oriental, siendo reconocido por su sabiduría, su conversión al cristianismo y su dedicación a la enseñanza de la fe cristiana.

Aunque existen varias figuras históricas con el nombre de Dionisio, la devoción popular a menudo las amalgama, destacando su papel como intercesor en la sanación de dolores físicos, especialmente dolores de cabeza, así como malestares en la espalda y en las coyunturas.

Según la tradición, San Dionisio fue convertido al cristianismo tras escuchar a San Pablo predicar en el Areópago de Atenas, como se narra en los Hechos de los Apóstoles.

Impresionado por la sabiduría y la profundidad de la fe cristiana, Dionisio se convirtió en uno de los primeros obispos de Atenas, dedicando su vida a la difusión del Evangelio, la enseñanza de los misterios de la fe y la consolidación de la iglesia cristiana en Grecia.

San Dionisio es recordado por su profundo interés en la teología mística, enfocándose en la experiencia directa y personal de Dios.

A través de sus escritos, exploró la naturaleza de la divinidad y el camino del alma hacia la unión con lo divino, ejerciendo una influencia significativa en el pensamiento teológico posterior.

La intercesión de San Dionisio es buscada por aquellos que sufren de dolores de cabeza y otros malestares físicos debido a su capacidad para aliviar el sufrimiento humano con la compasión y el poder sanador que fluyen de su fe profunda y su cercanía a Dios.

Se cree que, al igual que sanó el espíritu de los creyentes a través de su predicación y sus escritos, puede interceder ante Dios por la sanación de dolencias físicas.

Su festividad se celebra el 3 de octubre en la Iglesia Católica y el 9 de octubre en las Iglesias Ortodoxas.

La devoción a San Dionisio refleja la creencia en el poder de la oración y la intercesión de los santos para obtener consuelo y curación, animando a los fieles a acercarse a Dios en busca de alivio en momentos de dolor y sufrimiento.

ORACIÓN PARA EMPEZAR A REZAR LA NOVENA A SAN DIONISIO

Nota: Cada uno de los 9 días, rece primero esta oración y luego la oración correspondiente al día.

Oh ilustre San Dionisio, sabio obispo y ferviente predicador del Evangelio, que con tu conversión y enseñanzas has guiado a innumerables almas hacia la luz de Cristo, acudimos a ti en el comienzo de esta novena buscando tu intercesión.

Con humildad te pedimos que nos asistas en nuestros sufrimientos, especialmente aquellos de nosotros que padecemos dolores de cabeza, de espalda y en las coyunturas.

Ilumina nuestros corazones y mentes, para que, al igual que tú encontraste consuelo y sabiduría en la fe, nosotros también podamos experimentar la sanación y el alivio por medio de tu intercesión.

Enséñanos a buscar siempre la presencia divina en nuestras vidas, y a confiar en el amor sanador de Dios. Amén.

DÍA 1: POR LA SANACIÓN DE DOLORES DE CABEZA

Oh San Dionisio, que iluminaste con tu sabiduría las mentes y corazones, te pedimos intercedas por nosotros para la sanación de los dolores de cabeza, para que, aliviados de este sufrimiento, podamos concentrarnos mejor en nuestras oraciones y trabajos diarios. Amén.

Padre Nuestro, que estás en el cielo, santificado sea tu nombre; venga a nosotros tu reino; hágase tu voluntad, en la tierra como en el cielo.

Danos hoy nuestro pan de cada día; perdona nuestras ofensas, como también nosotros perdonamos a los que nos ofenden; no nos dejes caer en la tentación, y líbranos del mal. Amén.

Dios te salve, María, llena eres de gracia, el Señor es contigo.

Bendita tú eres entre todas las mujeres, y bendito es el fruto de tu vientre: Jesús.

Santa María, Madre de Dios, ruega por nosotros, pecadores, ahora y en la hora de nuestra muerte. Amén.

Gloria al Padre, al Hijo y al Espíritu Santo.

Como era en el principio, ahora y siempre, por los siglos de los siglos. Amén.

DÍA 2: POR LA SALUD DE LA ESPALDA

Venerable San Dionisio, guía espiritual y protector, rogamos por tu intercesión en la sanación de dolores de espalda.

Que tu fuerza nos ayude a soportar nuestras cargas físicas y emocionales con gracia. Amén.

Padre Nuestro, que estás en el cielo, santificado sea tu nombre; venga a nosotros tu reino; hágase tu voluntad, en la tierra como en el cielo.

Danos hoy nuestro pan de cada día; perdona nuestras ofensas, como también nosotros perdonamos a los que nos ofenden; no nos dejes caer en la tentación, y líbranos del mal. Amén.

Dios te salve, María, llena eres de gracia, el Señor es contigo.

Bendita tú eres entre todas las mujeres, y bendito es el fruto de tu vientre: Jesús.

Santa María, Madre de Dios, ruega por nosotros, pecadores, ahora y en la hora de nuestra muerte. Amén.

Gloria al Padre, al Hijo y al Espíritu Santo.

Como era en el principio, ahora y siempre, por los siglos de los siglos. Amén.

DÍA 3: POR EL ALIVIO DE LAS COYUNTURAS

Santo sabio, San Dionisio, te pedimos por aquellos que sufren de dolores en las coyunturas.

Que tu intercesión ante Dios nos brinde alivio y restauración, permitiéndonos mover con libertad y sin dolor. Amén.

Padre Nuestro, que estás en el cielo, santificado sea tu nombre; venga a nosotros tu reino; hágase tu voluntad, en la tierra como en el cielo.

Danos hoy nuestro pan de cada día; perdona nuestras ofensas, como también nosotros perdonamos a los que nos ofenden; no nos dejes caer en la tentación, y líbranos del mal. Amén.

Dios te salve, María, llena eres de gracia, el Señor es contigo.

Bendita tú eres entre todas las mujeres, y bendito es el fruto de tu vientre: Jesús.

Santa María, Madre de Dios, ruega por nosotros, pecadores, ahora y en la hora de nuestra muerte. Amén.

Gloria al Padre, al Hijo y al Espíritu Santo.

Como era en el principio, ahora y siempre, por los siglos de los siglos. Amén.

DÍA 4: POR LA FORTALEZA EN EL SUFRIMIENTO

Oh San Dionisio, que enfrentaste desafíos con una fe inquebrantable, otórganos fortaleza en nuestros sufrimientos.

Que, inspirados por tu ejemplo, podamos aceptar con paz los dolores físicos como parte de nuestro camino espiritual. Amén.

Padre Nuestro, que estás en el cielo, santificado sea tu nombre; venga a nosotros tu reino; hágase tu voluntad, en la tierra como en el cielo.

Danos hoy nuestro pan de cada día; perdona nuestras ofensas, como también nosotros perdonamos a los que nos ofenden; no nos dejes caer en la tentación, y líbranos del mal. Amén.

Dios te salve, María, llena eres de gracia, el Señor es contigo.

Bendita tú eres entre todas las mujeres, y bendito es el fruto de tu vientre: Jesús.

Santa María, Madre de Dios, ruega por nosotros, pecadores, ahora y en la hora de nuestra muerte. Amén.

Gloria al Padre, al Hijo y al Espíritu Santo.

Como era en el principio, ahora y siempre, por los siglos de los siglos. Amén.

DÍA 5: POR LA SANACIÓN INTEGRAL

Intercede por nosotros, San Dionisio, para que no solo busquemos la sanación de dolencias físicas, sino también la curación de nuestro ser interior.

Que encontremos consuelo y paz en el amor sanador de Cristo. Amén.

Padre Nuestro, que estás en el cielo, santificado sea tu nombre; venga a nosotros tu reino; hágase tu voluntad, en la tierra como en el cielo.

Danos hoy nuestro pan de cada día; perdona nuestras ofensas, como también nosotros perdonamos a los que nos ofenden; no nos dejes caer en la tentación, y líbranos del mal. Amén.

Dios te salve, María, llena eres de gracia, el Señor es contigo.

Bendita tú eres entre todas las mujeres, y bendito es el fruto de tu vientre: Jesús.

Santa María, Madre de Dios, ruega por nosotros, pecadores, ahora y en la hora de nuestra muerte. Amén.

Gloria al Padre, al Hijo y al Espíritu Santo.

Como era en el principio, ahora y siempre, por los siglos de los siglos. Amén.

DÍA 6: POR LA PACIENCIA EN LA ENFERMEDAD

Te rogamos, San Dionisio, que nos ayudes a cultivar la paciencia y la comprensión en tiempos de enfermedad.

Que, a través de tu intercesión, aprendamos a confiar más plenamente en el plan divino para nuestras vidas. Amén.

Padre Nuestro, que estás en el cielo, santificado sea tu nombre; venga a nosotros tu reino; hágase tu voluntad, en la tierra como en el cielo.

Danos hoy nuestro pan de cada día; perdona nuestras ofensas, como también nosotros perdonamos a los que nos ofenden; no nos dejes caer en la tentación, y líbranos del mal. Amén.

Dios te salve, María, llena eres de gracia, el Señor es contigo.

Bendita tú eres entre todas las mujeres, y bendito es el fruto de tu vientre: Jesús.

Santa María, Madre de Dios, ruega por nosotros, pecadores, ahora y en la hora de nuestra muerte. Amén.

Gloria al Padre, al Hijo y al Espíritu Santo.

Como era en el principio, ahora y siempre, por los siglos de los siglos. Amén.

DÍA 7: POR LA PROTECCIÓN CONTRA NUEVAS ENFERMEDADES

Oh protector San Dionisio, guárdanos de nuevas enfermedades y dolencias.

Que tu manto de protección nos envuelva, preservando nuestra salud y la de nuestros seres queridos. Amén.

Padre Nuestro, que estás en el cielo, santificado sea tu nombre; venga a nosotros tu reino; hágase tu voluntad, en la tierra como en el cielo.

Danos hoy nuestro pan de cada día; perdona nuestras ofensas, como también nosotros perdonamos a los que nos ofenden; no nos dejes caer en la tentación, y líbranos del mal. Amén.

Dios te salve, María, llena eres de gracia, el Señor es contigo.

Bendita tú eres entre todas las mujeres, y bendito es el fruto de tu vientre: Jesús.

Santa María, Madre de Dios, ruega por nosotros, pecadores, ahora y en la hora de nuestra muerte. Amén.

Gloria al Padre, al Hijo y al Espíritu Santo.

Como era en el principio, ahora y siempre, por los siglos de los siglos. Amén.

DÍA 8: POR LA SABIDURÍA EN EL CUIDADO DE NUESTRA SALUD

Santo iluminado, San Dionisio, concédenos sabiduría para cuidar adecuadamente de nuestra salud.

Inspíranos a tomar decisiones saludables en nuestra dieta, ejercicio y descanso, honrando el templo del Espíritu Santo que es nuestro cuerpo. Amén.

Padre Nuestro, que estás en el cielo, santificado sea tu nombre; venga a nosotros tu reino; hágase tu voluntad, en la tierra como en el cielo.

Danos hoy nuestro pan de cada día; perdona nuestras ofensas, como también nosotros perdonamos a los que nos ofenden; no nos dejes caer en la tentación, y líbranos del mal. Amén.

Dios te salve, María, llena eres de gracia, el Señor es contigo.

Bendita tú eres entre todas las mujeres, y bendito es el fruto de tu vientre: Jesús.

Santa María, Madre de Dios, ruega por nosotros, pecadores, ahora y en la hora de nuestra muerte. Amén.

Gloria al Padre, al Hijo y al Espíritu Santo.

Como era en el principio, ahora y siempre, por los siglos de los siglos. Amén.

DÍA 9: EN ACCIÓN DE GRACIAS POR LAS BENDICIONES RECIBIDAS

En este último día de nuestra novena, San Dionisio, te ofrecemos nuestra más sincera gratitud por tu intercesión y las bendiciones recibidas.

Que nuestro corazón siempre se abra más a la gratitud, reconociendo y celebrando cada signo de tu amor y sanación en nuestras vidas. Amén.

Padre Nuestro, que estás en el cielo, santificado sea tu nombre; venga a nosotros tu reino; hágase tu voluntad, en la tierra como en el cielo.

Danos hoy nuestro pan de cada día; perdona nuestras ofensas, como también nosotros perdonamos a los que nos ofenden; no nos dejes caer en la tentación, y líbranos del mal. Amén.

Dios te salve, María, llena eres de gracia, el Señor es contigo.

Bendita tú eres entre todas las mujeres, y bendito es el fruto de tu vientre: Jesús.

Santa María, Madre de Dios, ruega por nosotros, pecadores, ahora y en la hora de nuestra muerte. Amén.

Gloria al Padre, al Hijo y al Espíritu Santo.

Como era en el principio, ahora y siempre, por los siglos de los siglos. Amén.

ORACIÓN PARA FINALIZAR LA NOVENA A SAN DIONISIO

Glorioso San Dionisio, que con tu vida y obra has sido un faro de esperanza y sabiduría, te damos gracias por acompañarnos durante esta novena dedicada a tu honor.

Te agradecemos por interceder ante nuestro Señor por la sanación de nuestros dolores y aflicciones.

Al concluir esta novena, fortalecidos en la fe y esperanzados en la misericordia divina, te pedimos que continúes guiándonos en el camino hacia la santidad.

Que la sanación que buscamos sea un testimonio de la bondad de Dios, y que nuestras vidas reflejen siempre su amor y compasión.

Ayúdanos a mantener viva la llama de la fe, y a compartir la luz de Cristo con todos aquellos que nos rodean.

San Dionisio, ruega por nosotros, para que podamos ser verdaderos discípulos del Señor, caminando siempre en su amor. Amén.

Estas oraciones diarias de la novena a San Dionisio buscan la intercesión del santo para la sanación de dolencias físicas, mientras fomentan una profunda reflexión espiritual y un crecimiento en la fe y la paciencia ante el sufrimiento.

San Erasmo

Festividad:	Junio 2

Se le pide ayuda para:
Sanr de toda enfermedad de algún órgano del abdomen: hígado, pancreas, bazo, intestinos y colon.

VIDA DEL SANTO

San Erasmo, también conocido como San Elmo, fue un obispo y mártir venerado en la Iglesia Católica y en la Ortodoxa, famoso por su fe inquebrantable y su valentía frente a la persecución.

Su historia se remonta al siglo III, donde sirvió como obispo de Formiae, Italia.

Se le cuenta entre los catorce santos auxiliares, invocado especialmente por los marineros y todos aquellos que enfrentan peligros en el mar, pero su intercesión también se busca para la sanación de enfermedades y padecimientos relacionados con los órganos del abdomen.

Durante la persecución de los cristianos bajo el emperador Diocleciano, San Erasmo fue capturado y torturado por su fe.

Según la tradición, soportó terribles sufrimientos, incluida la inserción de ganchos en su intestino, pero milagrosamente sobrevivió y continuó su ministerio evangelizador.

Esta parte de su martirio es la razón por la cual se le invoca para la sanación de enfermedades del abdomen, como problemas en el hígado, páncreas, bazo, intestino y colon.

Después de sufrir torturas, San Erasmo logró escapar y continuó predicando el Evangelio hasta que finalmente fue capturado de nuevo y martirizado.

Su devoción y coraje dejaron un legado duradero, inspirando a los fieles a mantenerse firmes en su fe a pesar de las pruebas.

San Erasmo es a menudo representado con una manivela de molino de viento o un torno, en referencia a su martirio.

Su festividad se celebra el 2 de junio.

A lo largo de los siglos, ha sido una fuente de esperanza y consuelo para aquellos que sufren de dolencias abdominales, recordándoles la presencia sanadora y protectora de Dios incluso en medio del sufrimiento.

La historia de San Erasmo nos enseña sobre la resistencia espiritual, el poder de la fe y la intercesión efectiva de los santos en la vida de los creyentes.

Su vida y martirio ejemplifican cómo, incluso en los momentos más oscuros, la luz de Cristo puede guiar y proteger a sus fieles.

ORACIÓN PARA EMPEZAR A REZAR LA NOVENA A SAN ERASMO

Nota: Cada uno de los 9 días, rece primero esta oración y luego la oración correspondiente al día.

Oh valeroso San Erasmo, fiel intercesor y protector de aquellos que sufren padecimientos abdominales, nos ponemos ante ti en el inicio de esta novena, buscando tu guía y auxilio.

Tú, que soportaste martirio y dolor por amor a Cristo, comprendes profundamente el sufrimiento humano.

Te suplicamos que lleves nuestras peticiones de sanación ante el Señor, para que aquellos que luchan con enfermedades del hígado, páncreas, bazo, intestino y colon encuentren alivio y consuelo.

Inspíranos a enfrentar nuestras pruebas con la misma fortaleza y fe que tú mostraste, y ayúdanos a recordar siempre la presencia sanadora de Dios en nuestras vidas.

San Erasmo, acompáñanos en cada día de esta novena, para que nuestra fe se fortalezca y nuestros cuerpos sean sanados según la voluntad divina. Amén.

DÍA 1: POR LA SANACIÓN DEL HÍGADO

Oh San Erasmo, intercede por nosotros ante el Señor para que quienes sufren de enfermedades del hígado encuentren alivio y recuperación.

Que tu protección nos guíe hacia la sanación y el bienestar. Amén.

Padre Nuestro, que estás en el cielo, santificado sea tu nombre; venga a nosotros tu reino; hágase tu voluntad, en la tierra como en el cielo.

Danos hoy nuestro pan de cada día; perdona nuestras ofensas, como también nosotros perdonamos a los que nos ofenden; no nos dejes caer en la tentación, y líbranos del mal. Amén.

Dios te salve, María, llena eres de gracia, el Señor es contigo.

Bendita tú eres entre todas las mujeres, y bendito es el fruto de tu vientre: Jesús.

Santa María, Madre de Dios, ruega por nosotros, pecadores, ahora y en la hora de nuestra muerte. Amén.

Gloria al Padre, al Hijo y al Espíritu Santo.

Como era en el principio, ahora y siempre, por los siglos de los siglos. Amén.

DÍA 2: POR LA SALUD DEL PÁNCREAS

Protector San Erasmo, te rogamos por aquellos que enfrentan padecimientos del páncreas.

Que, por tu intercesión, Dios les conceda la fortaleza y la sanación necesaria para superar sus dolencias. Amén.

Padre Nuestro, que estás en el cielo, santificado sea tu nombre; venga a nosotros tu reino; hágase tu voluntad, en la tierra como en el cielo.

Danos hoy nuestro pan de cada día; perdona nuestras ofensas, como también nosotros perdonamos a los que nos ofenden; no nos dejes caer en la tentación, y líbranos del mal. Amén.

Dios te salve, María, llena eres de gracia, el Señor es contigo.

Bendita tú eres entre todas las mujeres, y bendito es el fruto de tu vientre: Jesús.

Santa María, Madre de Dios, ruega por nosotros, pecadores, ahora y en la hora de nuestra muerte. Amén.

Gloria al Padre, al Hijo y al Espíritu Santo.

Como era en el principio, ahora y siempre, por los siglos de los siglos. Amén.

DÍA 3: POR EL BIENESTAR DEL BAZO

Valiente San Erasmo, acude en ayuda de quienes padecen de enfermedades del bazo.

Que tu bondadosa intercesión les brinde esperanza y recuperación, restaurando su salud. Amén.

Padre Nuestro, que estás en el cielo, santificado sea tu nombre; venga a nosotros tu reino; hágase tu voluntad, en la tierra como en el cielo.

Danos hoy nuestro pan de cada día; perdona nuestras ofensas, como también nosotros perdonamos a los que nos ofenden; no nos dejes caer en la tentación, y líbranos del mal. Amén.

Dios te salve, María, llena eres de gracia, el Señor es contigo.

Bendita tú eres entre todas las mujeres, y bendito es el fruto de tu vientre: Jesús.

Santa María, Madre de Dios, ruega por nosotros, pecadores, ahora y en la hora de nuestra muerte. Amén.

Gloria al Padre, al Hijo y al Espíritu Santo.

Como era en el principio, ahora y siempre, por los siglos de los siglos. Amén.

DÍA 4: POR LA SANACIÓN DEL INTESTINO

Oh San Erasmo, pedimos tu intercesión para aquellos que sufren de trastornos intestinales.

Concedeles tu protección y guía en su camino hacia la sanación, para que puedan vivir sin dolor. Amén.

Padre Nuestro, que estás en el cielo, santificado sea tu nombre; venga a nosotros tu reino; hágase tu voluntad, en la tierra como en el cielo.

Danos hoy nuestro pan de cada día; perdona nuestras ofensas, como también nosotros perdonamos a los que nos ofenden; no nos dejes caer en la tentación, y líbranos del mal. Amén.

Dios te salve, María, llena eres de gracia, el Señor es contigo.

Bendita tú eres entre todas las mujeres, y bendito es el fruto de tu vientre: Jesús.

Santa María, Madre de Dios, ruega por nosotros, pecadores, ahora y en la hora de nuestra muerte. Amén.

Gloria al Padre, al Hijo y al Espíritu Santo.

Como era en el principio, ahora y siempre, por los siglos de los siglos. Amén.

DÍA 5: POR LA SALUD DEL COLON

Fiel San Erasmo, intercede por quienes batallan con enfermedades del colon.

Que encuentren en tu apoyo la fuerza para enfrentar sus retos y la gracia de una pronta recuperación. Amén.

Padre Nuestro, que estás en el cielo, santificado sea tu nombre; venga a nosotros tu reino; hágase tu voluntad, en la tierra como en el cielo.

Danos hoy nuestro pan de cada día; perdona nuestras ofensas, como también nosotros perdonamos a los que nos ofenden; no nos dejes caer en la tentación, y líbranos del mal. Amén.

Dios te salve, María, llena eres de gracia, el Señor es contigo.

Bendita tú eres entre todas las mujeres, y bendito es el fruto de tu vientre: Jesús.

Santa María, Madre de Dios, ruega por nosotros, pecadores, ahora y en la hora de nuestra muerte. Amén.

Gloria al Padre, al Hijo y al Espíritu Santo.

Como era en el principio, ahora y siempre, por los siglos de los siglos. Amén.

DÍA 6: POR ALIVIO EN EL DOLOR ABDOMINAL

Protector San Erasmo, te imploramos por todos los que experimentan dolor abdominal.

Que tu intercesión les traiga alivio y consuelo, mitigando su sufrimiento. Amén.

Padre Nuestro, que estás en el cielo, santificado sea tu nombre; venga a nosotros tu reino; hágase tu voluntad, en la tierra como en el cielo.

Danos hoy nuestro pan de cada día; perdona nuestras ofensas, como también nosotros perdonamos a los que nos ofenden; no nos dejes caer en la tentación, y líbranos del mal. Amén.

Dios te salve, María, llena eres de gracia, el Señor es contigo.

Bendita tú eres entre todas las mujeres, y bendito es el fruto de tu vientre: Jesús.

Santa María, Madre de Dios, ruega por nosotros, pecadores, ahora y en la hora de nuestra muerte. Amén.

Gloria al Padre, al Hijo y al Espíritu Santo.

Como era en el principio, ahora y siempre, por los siglos de los siglos. Amén.

DÍA 7: POR LA PROTECCIÓN CONTRA ENFERMEDADES ABDOMINALES

Oh San Erasmo, guárdanos de enfermedades y padecimientos que afectan los órganos abdominales.

Que tu protección nos preserve de todo mal y nos mantenga en salud. Amén.

Padre Nuestro, que estás en el cielo, santificado sea tu nombre; venga a nosotros tu reino; hágase tu voluntad, en la tierra como en el cielo.

Danos hoy nuestro pan de cada día; perdona nuestras ofensas, como también nosotros perdonamos a los que nos ofenden; no nos dejes caer en la tentación, y líbranos del mal. Amén.

Dios te salve, María, llena eres de gracia, el Señor es contigo.

Bendita tú eres entre todas las mujeres, y bendito es el fruto de tu vientre: Jesús.

Santa María, Madre de Dios, ruega por nosotros, pecadores, ahora y en la hora de nuestra muerte. Amén.

Gloria al Padre, al Hijo y al Espíritu Santo.

Como era en el principio, ahora y siempre, por los siglos de los siglos. Amén.

DÍA 8: POR LA SABIDURÍA MÉDICA Y EL CUIDADO

Santo valiente, rogamos por los médicos y profesionales de la salud que cuidan de los enfermos abdominales.

Ilumínales con sabiduría y compasión para que, a través de sus manos, tus dones de sanación sean manifestados. Amén.

Padre Nuestro, que estás en el cielo, santificado sea tu nombre; venga a nosotros tu reino; hágase tu voluntad, en la tierra como en el cielo.

Danos hoy nuestro pan de cada día; perdona nuestras ofensas, como también nosotros perdonamos a los que nos ofenden; no nos dejes caer en la tentación, y líbranos del mal. Amén.

Dios te salve, María, llena eres de gracia, el Señor es contigo.

Bendita tú eres entre todas las mujeres, y bendito es el fruto de tu vientre: Jesús.

Santa María, Madre de Dios, ruega por nosotros, pecadores, ahora y en la hora de nuestra muerte. Amén.

Gloria al Padre, al Hijo y al Espíritu Santo.

Como era en el principio, ahora y siempre, por los siglos de los siglos. Amén.

DÍA 9: EN ACCIÓN DE GRACIAS

En este último día de nuestra novena, te damos gracias, San Erasmo, por tu amorosa intercesión.

Que las bendiciones recibidas sean fuente de testimonio de la bondad y misericordia de Dios, inspirándonos a vivir con gratitud y a servir a los demás con amor. Amén.

Padre Nuestro, que estás en el cielo, santificado sea tu nombre; venga a nosotros tu reino; hágase tu voluntad, en la tierra como en el cielo.

Danos hoy nuestro pan de cada día; perdona nuestras ofensas, como también nosotros perdonamos a los que nos ofenden; no nos dejes caer en la tentación, y líbranos del mal. Amén.

Dios te salve, María, llena eres de gracia, el Señor es contigo.

Bendita tú eres entre todas las mujeres, y bendito es el fruto de tu vientre: Jesús.

Santa María, Madre de Dios, ruega por nosotros, pecadores, ahora y en la hora de nuestra muerte. Amén.

Gloria al Padre, al Hijo y al Espíritu Santo.

Como era en el principio, ahora y siempre, por los siglos de los siglos. Amén.

ORACIÓN PARA FINALIZAR LA NOVENA A SAN ERASMO

Glorioso San Erasmo, mártir valiente y protector contra los males abdominales, te damos gracias por interceder por nosotros durante esta novena.

Con corazones llenos de esperanza, hemos buscado tu ayuda en la búsqueda de sanación para nuestras dolencias, confiando en tu poderosa intercesión ante nuestro Padre Celestial.

Al concluir estos días de oración, te pedimos que nos mantengas firmes en la fe, resilientes ante el dolor y siempre conscientes del amor y la misericordia de Dios.

Que las gracias y sanaciones que hemos solicitado sean otorgadas si están en conformidad con la voluntad divina, y que nuestra gratitud y alabanza a Dios se profundicen a través de tu ejemplo de sacrificio y devoción.

San Erasmo, que tu valentía y fe continúen inspirándonos a vivir vidas de amor, servicio y fidelidad al Evangelio. Amén.

Estas oraciones están escritas para invocar la intercesión de San Erasmo durante cada día de la novena, pidiendo específicamente por la sanación y protección de los órganos abdominales y por el alivio del dolor, recordándonos la importancia de la fe y la confianza en Dios en el proceso de sanación.

San Eustaquio

Festividad:	Septiembre 20

Se le pide ayuda para:
Que ayude a sanar las disputas familiares, laborales o entre vecinos y para que nos libere de las angustias, fatiga emocional, cerebral o espiritual provocadas por estas situaciones.

VIDA DEL SANTO

San Eustaquio, también conocido como Eustachio o Eustathius, es un santo venerado en la tradición cristiana por su fe inquebrantable ante las pruebas y su dedicación a Dios a pesar de las adversidades.

La leyenda de San Eustaquio cuenta la historia de un general romano de gran valentía y habilidad, originalmente llamado Plácido, que vivió durante el siglo II d.C., bajo el reinado del emperador Trajano o Adriano.

La conversión de Plácido al cristianismo ocurrió después de una experiencia mística durante una cacería, en la que se le apareció un ciervo con una cruz resplandeciente entre sus cuernos.

Escuchando la voz de Cristo, Plácido y toda su familia se convirtieron al cristianismo, y él tomó el nombre de Eustaquio.

Sin embargo, su devoción a la nueva fe pronto lo llevó a enfrentar severas pruebas: perdió sus posesiones, su estatus y fue separado de su familia en circunstancias trágicas.

A pesar de sus sufrimientos, Eustaquio nunca perdió la fe.

Trabajó en humildes ocupaciones hasta que un día, por designio divino, fue reunido con su esposa e hijos y restaurado a su anterior posición de prestigio, gracias a su incansable fe y perseverancia.

Sin embargo, su devoción al cristianismo finalmente lo llevó al martirio junto con su familia, siendo todos ellos sometidos a una muerte cruel por no renunciar a su fe.

San Eustaquio es invocado para superar dificultades, especialmente aquellas relacionadas con disputas familiares, laborales o vecinales que causan fatiga emocional, cerebral o espiritual.

Su historia es un poderoso recordatorio de la fuerza de la fe y la importancia de la perseverancia a través de las pruebas de la vida.

Nos enseña que, a pesar de las dificultades y desafíos, nuestra fe puede guiarnos hacia la reunificación, la paz y la resolución de conflictos.

Su festividad se celebra el 20 de septiembre, y su legado continúa inspirando a los fieles a buscar la intercesión divina para superar las pruebas y dificultades en las relaciones y en la vida diaria, recordándonos el poder transformador de la fe y la perseverancia.

ORACIÓN PARA EMPEZAR A REZAR LA NOVENA A SAN EUSTAQUIO

Nota: Cada uno de los 9 días, rece primero esta oración y luego la oración correspondiente al día.

Oh glorioso San Eustaquio, ejemplo supremo de fe y perseverancia ante las adversidades, acudimos a ti al iniciar esta novena, buscando tu guía y protección.

Tú, que enfrentaste inmensas pruebas y fuiste capaz de mantener tu fe inquebrantable, incluso en medio de la pérdida y la separación de tu amada familia, intercede por nosotros.

Pedimos tu ayuda para superar y resolver las disputas familiares, laborales o vecinales que nos afligen, causando fatiga emocional, cerebral o espiritual.

Enséñanos a seguir tu ejemplo de confianza y entrega a la voluntad divina, para que, con tu apoyo, podamos encontrar paz y armonía en nuestras relaciones.

San Eustaquio, acompáñanos en cada paso de esta novena, inspirándonos a vivir con la misma fe y coraje que tú demostraste. Amén.

DÍA 1: POR LA RESOLUCIÓN DE DISPUTAS FAMILIARES

Oh San Eustaquio, que superaste pruebas extremas y fuiste reunido con tu familia, intercede por nosotros para que cualquier disputa familiar que enfrentemos pueda resolverse con amor, comprensión y perdón. Amén.

Padre Nuestro, que estás en el cielo, santificado sea tu nombre; venga a nosotros tu reino; hágase tu voluntad, en la tierra como en el cielo.

Danos hoy nuestro pan de cada día; perdona nuestras ofensas, como también nosotros perdonamos a los que nos ofenden; no nos dejes caer en la tentación, y líbranos del mal. Amén.

Dios te salve, María, llena eres de gracia, el Señor es contigo.

Bendita tú eres entre todas las mujeres, y bendito es el fruto de tu vientre: Jesús.

Santa María, Madre de Dios, ruega por nosotros, pecadores, ahora y en la hora de nuestra muerte. Amén.

Gloria al Padre, al Hijo y al Espíritu Santo.

Como era en el principio, ahora y siempre, por los siglos de los siglos. Amén.

DÍA 2: POR LA ARMONÍA EN EL LUGAR DE TRABAJO

Valeroso mártir, te pedimos tu intercesión para que reine la paz y la colaboración en nuestros lugares de trabajo, superando conflictos y malentendidos por el bien común. Amén.

Padre Nuestro, que estás en el cielo, santificado sea tu nombre; venga a nosotros tu reino; hágase tu voluntad, en la tierra como en el cielo.

Danos hoy nuestro pan de cada día; perdona nuestras ofensas, como también nosotros perdonamos a los que nos ofenden; no nos dejes caer en la tentación, y líbranos del mal. Amén.

Dios te salve, María, llena eres de gracia, el Señor es contigo.

Bendita tú eres entre todas las mujeres, y bendito es el fruto de tu vientre: Jesús.

Santa María, Madre de Dios, ruega por nosotros, pecadores, ahora y en la hora de nuestra muerte. Amén.

Gloria al Padre, al Hijo y al Espíritu Santo.

Como era en el principio, ahora y siempre, por los siglos de los siglos. Amén.

DÍA 3: POR LA CONVIVENCIA PACÍFICA CON LOS VECINOS

San Eustaquio, ayúdanos a construir relaciones de respeto, tolerancia y buena voluntad con nuestros vecinos, para que nuestras comunidades sean lugares de armonía y apoyo mutuo. Amén.

Padre Nuestro, que estás en el cielo, santificado sea tu nombre; venga a nosotros tu reino; hágase tu voluntad, en la tierra como en el cielo.

Danos hoy nuestro pan de cada día; perdona nuestras ofensas, como también nosotros perdonamos a los que nos ofenden; no nos dejes caer en la tentación, y líbranos del mal. Amén.

Dios te salve, María, llena eres de gracia, el Señor es contigo.

Bendita tú eres entre todas las mujeres, y bendito es el fruto de tu vientre: Jesús.

Santa María, Madre de Dios, ruega por nosotros, pecadores, ahora y en la hora de nuestra muerte. Amén.

Gloria al Padre, al Hijo y al Espíritu Santo.

Como era en el principio, ahora y siempre, por los siglos de los siglos. Amén.

DÍA 4: POR EL ALIVIO DE LA FATIGA EMOCIONAL

Intercede por nosotros, oh santo valiente, para que aquellos que sufren de fatiga emocional encuentren consuelo, fuerza y renovación en el amor y la misericordia de Dios. Amén.

Padre Nuestro, que estás en el cielo, santificado sea tu nombre; venga a nosotros tu reino; hágase tu voluntad, en la tierra como en el cielo.

Danos hoy nuestro pan de cada día; perdona nuestras ofensas, como también nosotros perdonamos a los que nos ofenden; no nos dejes caer en la tentación, y líbranos del mal. Amén.

Dios te salve, María, llena eres de gracia, el Señor es contigo.

Bendita tú eres entre todas las mujeres, y bendito es el fruto de tu vientre: Jesús.

Santa María, Madre de Dios, ruega por nosotros, pecadores, ahora y en la hora de nuestra muerte. Amén.

Gloria al Padre, al Hijo y al Espíritu Santo.

Como era en el principio, ahora y siempre, por los siglos de los siglos. Amén.

DÍA 5: POR LA CLARIDAD MENTAL Y LA PAZ ESPIRITUAL

Oh San Eustaquio, en momentos de confusión y turbulencia espiritual, guíanos hacia la claridad mental y la serenidad del alma, confiando siempre en la providencia divina. Amén.

Padre Nuestro, que estás en el cielo, santificado sea tu nombre; venga a nosotros tu reino; hágase tu voluntad, en la tierra como en el cielo.

Danos hoy nuestro pan de cada día; perdona nuestras ofensas, como también nosotros perdonamos a los que nos ofenden; no nos dejes caer en la tentación, y líbranos del mal. Amén.

Dios te salve, María, llena eres de gracia, el Señor es contigo.

Bendita tú eres entre todas las mujeres, y bendito es el fruto de tu vientre: Jesús.

Santa María, Madre de Dios, ruega por nosotros, pecadores, ahora y en la hora de nuestra muerte. Amén.

Gloria al Padre, al Hijo y al Espíritu Santo.

Como era en el principio, ahora y siempre, por los siglos de los siglos. Amén.

DÍA 6: POR LA FORTALEZA EN LA FE DURANTE LAS PRUEBAS

Te rogamos, San Eustaquio, que nos inspires a mantener nuestra fe y confianza en Dios, incluso cuando enfrentamos desafíos que parecen insuperables, siguiendo tu ejemplo de inquebrantable devoción. Amén.

Padre Nuestro, que estás en el cielo, santificado sea tu nombre; venga a nosotros tu reino; hágase tu voluntad, en la tierra como en el cielo.

Danos hoy nuestro pan de cada día; perdona nuestras ofensas, como también nosotros perdonamos a los que nos ofenden; no nos dejes caer en la tentación, y líbranos del mal. Amén.

Dios te salve, María, llena eres de gracia, el Señor es contigo.

Bendita tú eres entre todas las mujeres, y bendito es el fruto de tu vientre: Jesús.

Santa María, Madre de Dios, ruega por nosotros, pecadores, ahora y en la hora de nuestra muerte. Amén.

Gloria al Padre, al Hijo y al Espíritu Santo.

Como era en el principio, ahora y siempre, por los siglos de los siglos. Amén.

DÍA 7: POR LA RECONCILIACIÓN Y EL PERDÓN

Ayúdanos, oh santo mártir, a abrir nuestros corazones al perdón y a buscar la reconciliación con aquellos de quienes nos hemos distanciado, sanando viejas heridas con amor y comprensión. Amén.

Padre Nuestro, que estás en el cielo, santificado sea tu nombre; venga a nosotros tu reino; hágase tu voluntad, en la tierra como en el cielo.

Danos hoy nuestro pan de cada día; perdona nuestras ofensas, como también nosotros perdonamos a los que nos ofenden; no nos dejes caer en la tentación, y líbranos del mal. Amén.

Dios te salve, María, llena eres de gracia, el Señor es contigo.

Bendita tú eres entre todas las mujeres, y bendito es el fruto de tu vientre: Jesús.

Santa María, Madre de Dios, ruega por nosotros, pecadores, ahora y en la hora de nuestra muerte. Amén.

Gloria al Padre, al Hijo y al Espíritu Santo.

Como era en el principio, ahora y siempre, por los siglos de los siglos. Amén.

DÍA 8: POR LA PROTECCIÓN CONTRA LA DESESPERANZA

San Eustaquio, en tiempos de desesperanza, sé nuestro faro de luz, recordándonos que, con Dios, todas las cosas son posibles y que nunca estamos solos en nuestras luchas. Amén.

Padre Nuestro, que estás en el cielo, santificado sea tu nombre; venga a nosotros tu reino; hágase tu voluntad, en la tierra como en el cielo.

Danos hoy nuestro pan de cada día; perdona nuestras ofensas, como también nosotros perdonamos a los que nos ofenden; no nos dejes caer en la tentación, y líbranos del mal. Amén.

Dios te salve, María, llena eres de gracia, el Señor es contigo.

Bendita tú eres entre todas las mujeres, y bendito es el fruto de tu vientre: Jesús.

Santa María, Madre de Dios, ruega por nosotros, pecadores, ahora y en la hora de nuestra muerte. Amén.

Gloria al Padre, al Hijo y al Espíritu Santo.

Como era en el principio, ahora y siempre, por los siglos de los siglos. Amén.

DÍA 9: EN ACCIÓN DE GRACIAS

En este último día de nuestra novena, te ofrecemos nuestro más sincero agradecimiento, San Eustaquio, por tus oraciones e intercesión.

Que las gracias recibidas sean un testimonio de tu bondad y del amor infinito de Dios. Amén.

Padre Nuestro, que estás en el cielo, santificado sea tu nombre; venga a nosotros tu reino; hágase tu voluntad, en la tierra como en el cielo.

Danos hoy nuestro pan de cada día; perdona nuestras ofensas, como también nosotros perdonamos a los que nos ofenden; no nos dejes caer en la tentación, y líbranos del mal. Amén.

Dios te salve, María, llena eres de gracia, el Señor es contigo.

Bendita tú eres entre todas las mujeres, y bendito es el fruto de tu vientre: Jesús.

Santa María, Madre de Dios, ruega por nosotros, pecadores, ahora y en la hora de nuestra muerte. Amén.

Gloria al Padre, al Hijo y al Espíritu Santo.

Como era en el principio, ahora y siempre, por los siglos de los siglos. Amén.

ORACIÓN PARA FINALIZAR LA NOVENA A SAN EUSTAQUIO

Valiente San Eustaquio, que soportaste pruebas y sufrimientos con una fe y esperanza inquebrantables, te damos gracias por acompañarnos a lo largo de esta novena.

Con gratitud en nuestros corazones, te pedimos que continúes intercediendo por nosotros ante nuestro Padre Celestial.

Que las disputas y conflictos que perturban nuestra paz y bienestar sean resueltos, y que, a través de tu poderosa intercesión, seamos liberados de toda fatiga emocional, cerebral o espiritual.

Inspíranos a mantener nuestra fe y esperanza, incluso en los momentos más oscuros, recordando siempre que Dios está con nosotros, guiándonos hacia la reconciliación y la unidad.

Que las lecciones aprendidas durante esta novena se reflejen en nuestras vidas, ayudándonos a ser instrumentos de paz y amor en el mundo.

San Eustaquio, que tu ejemplo de fortaleza y devoción nos acompañe siempre. Amén.

Estas oraciones diarias están escritas para guiar a los fieles a través de una novena centrada en la resolución de conflictos y el alivio de las cargas emocionales, espirituales y mentales, con la ayuda y el ejemplo de San Eustaquio.

Georgius

San Jorge

Festividad:	Abril 23

Se le pide ayuda para:
Que sane y proteja a los animales domésticos.

VIDA DEL SANTO

San Jorge es uno de los santos más venerados y famosos en la cristiandad, conocido en todo el mundo por su valentía, fe y el legendario episodio en el que derrotó a un dragón.

Nacido en Capadocia, una región de la actual Turquía, en el siglo III, era un soldado romano que se destacó por su excepcional valentía y por su firme compromiso con la fe cristiana.

La leyenda más famosa asociada a San Jorge es el combate con el dragón, que simboliza la lucha del bien contra el mal, y su victoria representa la protección divina sobre el mal y la opresión.

Según la leyenda, San Jorge salvó a una princesa y a toda una ciudad de las garras de un dragón que exigía sacrificios humanos.

La historia simboliza no solo la protección contra los enemigos y el mal, sino también la fe que supera el miedo y el triunfo del bien sobre el mal.

San Jorge fue martirizado durante la persecución de Diocleciano contra los cristianos, negándose a renunciar a su fe y muriendo por ello.

Su muerte lo convirtió en un mártir y en un símbolo de la resistencia cristiana contra la opresión.

A lo largo de los siglos, San Jorge ha sido invocado para la protección contra diversas formas de mal y peligro, incluidas las enfermedades.

Su intercesión se busca especialmente para proteger de enfermedades virales, una petición particularmente relevante en tiempos de pandemias.

Además, su legado como protector y defensor lo ha hecho patrono de los animales, especialmente los domésticos, protegiéndolos de enfermedades y asegurando su bienestar.

La devoción a San Jorge se extiende por todo el mundo, siendo patrono de varios países, ciudades y profesiones.

Su fiesta se celebra el 23 de abril, y su historia continúa inspirando a los fieles a buscar su intercesión en tiempos de necesidad, recordándoles la importancia de la fe, el coraje y la lucha contra el mal.

La figura de San Jorge nos recuerda que, con fe y valentía, podemos enfrentar y superar las dificultades y peligros, confiando en la protección divina para guiarnos y protegernos tanto a nosotros como a nuestros seres queridos y a los animales que forman parte de nuestras vidas.

ORACIÓN PARA EMPEZAR A REZAR LA NOVENA A SAN JORGE

Nota: Cada uno de los 9 días, rece primero esta oración y luego la oración correspondiente al día.

Oh valiente San Jorge, mártir y protector, que con tu lanza derrotaste al dragón y defendiste a los inocentes, venimos ante ti al comenzar esta novena, buscando tu poderosa intercesión.

En estos tiempos de incertidumbre, te pedimos tu protección contra las enfermedades virales que amenazan nuestra salud y la de aquellos que amamos.

Asimismo, te imploramos que extiendas tu manto protector sobre nuestros animales domésticos, preservándolos de toda enfermedad y sufrimiento.

Que, a través de tu intercesión, podamos encontrar fortaleza, salud y bienestar, confiando siempre en la misericordia y el poder sanador de Dios.

San Jorge, guía nuestros pasos en la lucha contra las adversidades, inspirándonos a actuar con valentía y fe en el amor divino. Amén.

DÍA 1: POR LA PROTECCIÓN CONTRA ENFERMEDADES VIRALES

Oh San Jorge, valeroso mártir, te pedimos tu intercesión para protegernos contra las enfermedades virales.

Que tu escudo defienda a nuestras familias y comunidades, manteniéndonos sanos y seguros. Amén.

Padre Nuestro, que estás en el cielo, santificado sea tu nombre; venga a nosotros tu reino; hágase tu voluntad, en la tierra como en el cielo.

Danos hoy nuestro pan de cada día; perdona nuestras ofensas, como también nosotros perdonamos a los que nos ofenden; no nos dejes caer en la tentación, y líbranos del mal. Amén.

Dios te salve, María, llena eres de gracia, el Señor es contigo.

Bendita tú eres entre todas las mujeres, y bendito es el fruto de tu vientre: Jesús.

Santa María, Madre de Dios, ruega por nosotros, pecadores, ahora y en la hora de nuestra muerte. Amén.

Gloria al Padre, al Hijo y al Espíritu Santo.

Como era en el principio, ahora y siempre, por los siglos de los siglos. Amén.

DÍA 2: POR LA SALUD DE LOS ANIMALES DOMÉSTICOS

Protector San Jorge, extiende tu cuidado sobre nuestros animales domésticos.

Protégelos de enfermedades y sufrimiento, y bendice a aquellos que los cuidan. Amén.

Padre Nuestro, que estás en el cielo, santificado sea tu nombre; venga a nosotros tu reino; hágase tu voluntad, en la tierra como en el cielo.

Danos hoy nuestro pan de cada día; perdona nuestras ofensas, como también nosotros perdonamos a los que nos ofenden; no nos dejes caer en la tentación, y líbranos del mal. Amén.

Dios te salve, María, llena eres de gracia, el Señor es contigo.

Bendita tú eres entre todas las mujeres, y bendito es el fruto de tu vientre: Jesús.

Santa María, Madre de Dios, ruega por nosotros, pecadores, ahora y en la hora de nuestra muerte. Amén.

Gloria al Padre, al Hijo y al Espíritu Santo.

Como era en el principio, ahora y siempre, por los siglos de los siglos. Amén.

DÍA 3: POR LA FORTALEZA EN TIEMPOS DE ENFERMEDAD

San Jorge, en momentos de enfermedad, otórganos fortaleza y esperanza.

Que, inspirados por tu valentía, enfrentemos cada desafío con fe y confianza en Dios. Amén.

Padre Nuestro, que estás en el cielo, santificado sea tu nombre; venga a nosotros tu reino; hágase tu voluntad, en la tierra como en el cielo.

Danos hoy nuestro pan de cada día; perdona nuestras ofensas, como también nosotros perdonamos a los que nos ofenden; no nos dejes caer en la tentación, y líbranos del mal. Amén.

Dios te salve, María, llena eres de gracia, el Señor es contigo.

Bendita tú eres entre todas las mujeres, y bendito es el fruto de tu vientre: Jesús.

Santa María, Madre de Dios, ruega por nosotros, pecadores, ahora y en la hora de nuestra muerte. Amén.

Gloria al Padre, al Hijo y al Espíritu Santo.

Como era en el principio, ahora y siempre, por los siglos de los siglos. Amén.

DÍA 4: POR LOS TRABAJADORES DE LA SALUD

Intercede, San Jorge, por los médicos, enfermeras y todos los trabajadores de la salud.

Que su labor sanadora sea fortalecida por tu valentía y protegida por tu amor. Amén.

Padre Nuestro, que estás en el cielo, santificado sea tu nombre; venga a nosotros tu reino; hágase tu voluntad, en la tierra como en el cielo.

Danos hoy nuestro pan de cada día; perdona nuestras ofensas, como también nosotros perdonamos a los que nos ofenden; no nos dejes caer en la tentación, y líbranos del mal. Amén.

Dios te salve, María, llena eres de gracia, el Señor es contigo.

Bendita tú eres entre todas las mujeres, y bendito es el fruto de tu vientre: Jesús.

Santa María, Madre de Dios, ruega por nosotros, pecadores, ahora y en la hora de nuestra muerte. Amén.

Gloria al Padre, al Hijo y al Espíritu Santo.

Como era en el principio, ahora y siempre, por los siglos de los siglos. Amén.

DÍA 5: POR LA INVESTIGACIÓN MÉDICA

Oh San Jorge, apoya a los científicos y a todos aquellos involucrados en la investigación médica.

Que sus esfuerzos para encontrar curas y tratamientos sean fructíferos y bendecidos. Amén.

Padre Nuestro, que estás en el cielo, santificado sea tu nombre; venga a nosotros tu reino; hágase tu voluntad, en la tierra como en el cielo.

Danos hoy nuestro pan de cada día; perdona nuestras ofensas, como también nosotros perdonamos a los que nos ofenden; no nos dejes caer en la tentación, y líbranos del mal. Amén.

Dios te salve, María, llena eres de gracia, el Señor es contigo.

Bendita tú eres entre todas las mujeres, y bendito es el fruto de tu vientre: Jesús.

Santa María, Madre de Dios, ruega por nosotros, pecadores, ahora y en la hora de nuestra muerte. Amén.

Gloria al Padre, al Hijo y al Espíritu Santo.

Como era en el principio, ahora y siempre, por los siglos de los siglos. Amén.

DÍA 6: POR LA UNIDAD Y SOLIDARIDAD

Te pedimos, San Jorge, que fomentes la unidad y solidaridad entre nosotros.

Que trabajemos juntos para superar las adversidades, compartiendo la carga de aquellos que sufren. Amén.

Padre Nuestro, que estás en el cielo, santificado sea tu nombre; venga a nosotros tu reino; hágase tu voluntad, en la tierra como en el cielo.

Danos hoy nuestro pan de cada día; perdona nuestras ofensas, como también nosotros perdonamos a los que nos ofenden; no nos dejes caer en la tentación, y líbranos del mal. Amén.

Dios te salve, María, llena eres de gracia, el Señor es contigo.

Bendita tú eres entre todas las mujeres, y bendito es el fruto de tu vientre: Jesús.

Santa María, Madre de Dios, ruega por nosotros, pecadores, ahora y en la hora de nuestra muerte. Amén.

Gloria al Padre, al Hijo y al Espíritu Santo.

Como era en el principio, ahora y siempre, por los siglos de los siglos. Amén.

DÍA 7: POR LA ERRADICACIÓN DE LAS PANDEMIAS

Valiente San Jorge, ruega por nosotros para que, juntos, podamos superar las pandemias y enfermedades que afectan a nuestro mundo.

Que la sanación y la esperanza renazcan en cada corazón. Amén.

Padre Nuestro, que estás en el cielo, santificado sea tu nombre; venga a nosotros tu reino; hágase tu voluntad, en la tierra como en el cielo.

Danos hoy nuestro pan de cada día; perdona nuestras ofensas, como también nosotros perdonamos a los que nos ofenden; no nos dejes caer en la tentación, y líbranos del mal. Amén.

Dios te salve, María, llena eres de gracia, el Señor es contigo.

Bendita tú eres entre todas las mujeres, y bendito es el fruto de tu vientre: Jesús.

Santa María, Madre de Dios, ruega por nosotros, pecadores, ahora y en la hora de nuestra muerte. Amén.

Gloria al Padre, al Hijo y al Espíritu Santo.

Como era en el principio, ahora y siempre, por los siglos de los siglos. Amén.

DÍA 8: POR LA PAZ Y LA PROTECCIÓN EN NUESTROS HOGARES

Protector San Jorge, que nuestros hogares sean lugares de paz, salud y seguridad.

Defiéndenos de todo mal y enfermedad, y llénanos de tu espíritu valeroso. Amén.

Padre Nuestro, que estás en el cielo, santificado sea tu nombre; venga a nosotros tu reino; hágase tu voluntad, en la tierra como en el cielo.

Danos hoy nuestro pan de cada día; perdona nuestras ofensas, como también nosotros perdonamos a los que nos ofenden; no nos dejes caer en la tentación, y líbranos del mal. Amén.

Dios te salve, María, llena eres de gracia, el Señor es contigo.

Bendita tú eres entre todas las mujeres, y bendito es el fruto de tu vientre: Jesús.

Santa María, Madre de Dios, ruega por nosotros, pecadores, ahora y en la hora de nuestra muerte. Amén.

Gloria al Padre, al Hijo y al Espíritu Santo.

Como era en el principio, ahora y siempre, por los siglos de los siglos. Amén.

DÍA 9: EN ACCIÓN DE GRACIAS

En este último día de nuestra novena, te damos gracias, San Jorge, por tu constante intercesión y protección.

Que nuestras oraciones nos acerquen más a Dios y nos ayuden a vivir con valentía y amor. Amén.

Padre Nuestro, que estás en el cielo, santificado sea tu nombre; venga a nosotros tu reino; hágase tu voluntad, en la tierra como en el cielo.

Danos hoy nuestro pan de cada día; perdona nuestras ofensas, como también nosotros perdonamos a los que nos ofenden; no nos dejes caer en la tentación, y líbranos del mal. Amén.

Dios te salve, María, llena eres de gracia, el Señor es contigo.

Bendita tú eres entre todas las mujeres, y bendito es el fruto de tu vientre: Jesús.

Santa María, Madre de Dios, ruega por nosotros, pecadores, ahora y en la hora de nuestra muerte. Amén.

Gloria al Padre, al Hijo y al Espíritu Santo.

Como era en el principio, ahora y siempre, por los siglos de los siglos. Amén.

ORACIÓN PARA FINALIZAR LA NOVENA A SAN JORGE

Glorioso San Jorge, héroe de la fe y defensor de los débiles, con corazones llenos de gratitud concluimos esta novena que hemos ofrecido en tu honor.

Te damos gracias por tu intercesión ante nuestro Señor, pidiendo protección y sanación frente a las enfermedades virales y por la salud de nuestros queridos animales domésticos.

Que las bendiciones recibidas durante estos días de oración fortalezcan nuestra confianza en la providencia de Dios y nos animen a seguir tu ejemplo de coraje y sacrificio.

Ayúdanos a permanecer firmes en nuestra fe, resilientes ante las pruebas y siempre dispuestos a servir a los demás con amor y compasión.

San Jorge, que tu valentía inspire nuestras vidas, y que bajo tu protección, sigamos avanzando en el camino hacia la santidad. Amén.

Estas oraciones diarias te guiarán a través de la novena a San Jorge, buscando su protección contra enfermedades y su apoyo en la curación, tanto para nosotros como para nuestros animales domésticos, fortaleciéndonos en la fe y la solidaridad.

San Gil

Festividad:	Septiembre 1o.

Se le pide ayuda para:
Que ayude a las personas que sufren de alguna incapacidad física.

VIDA DEL SANTO

San Gil, también conocido como Egidio, fue un ermitaño del siglo VII que vivió en Francia, cerca de la desembocadura del Ródano.

Nacido en Atenas, Grecia, alrededor del año 650, San Gil es uno de los santos más venerados de la Edad Media, conocido por su vida de oración, su amor por los animales y su compromiso con los pobres y los enfermos, especialmente aquellos con discapacidades físicas.

La leyenda cuenta que San Gil vivió gran parte de su vida en soledad, en un bosque cerca de Nimes, en Francia, donde se dedicó a la oración y la meditación.

Se dice que Dios le enviaba un ciervo para alimentarlo, simbolizando su conexión con la naturaleza y los animales.

Un día, un cazador del rey persiguió al ciervo hasta el refugio de Gil, y al disparar su flecha, accidentalmente hirió al santo ermitaño.

Este incidente llevó a San Gil a ser descubierto y, eventualmente, venerado por su santidad.

A pesar de su deseo de vivir en reclusión, la fama de su santidad se extendió, atrayendo a muchos seguidores.

Se le atribuyen milagros, especialmente la curación de personas con discapacidades físicas, lo que lo convierte en un poderoso intercesor para aquellos que buscan alivio y ayuda en sus aflicciones.

San Gil fundó una abadía en lo que ahora es Saint-Gilles-du-Gard, lugar que se convirtió en un importante sitio de peregrinación.

Su devoción a los enfermos y discapacitados, junto con su amor por los animales y la naturaleza, refleja su profunda compasión y su deseo de servir a Cristo en todos los seres vivos.

Su festividad se celebra el 1 de septiembre, y sigue siendo un modelo de caridad, humildad y servicio.

San Gil es invocado como patrón de las personas con discapacidades físicas, recordándonos la importancia de la empatía, el cuidado y el apoyo hacia aquellos que enfrentan desafíos en la vida debido a sus limitaciones físicas.

Su historia inspira a los fieles a buscar la intercesión divina para superar las dificultades y vivir vidas plenas de amor y servicio.

ORACIÓN PARA EMPEZAR A REZAR LA NOVENA A SAN GIL

Nota: Cada uno de los 9 días, rece primero esta oración y luego la oración correspondiente al día.

Oh amable San Gil, ermitaño bendito y protector de las personas con discapacidades físicas, nos acercamos a ti al comenzar esta novena, llenos de fe y esperanza en tu intercesión.

Tú, que viviste una vida de soledad y oración, y que mostraste un amor incondicional por los más vulnerables, te pedimos que guíes nuestras plegarias hacia el Padre Celestial.

Por tu compasión hacia aquellos que sufren limitaciones físicas, te rogamos que intercedas por nosotros y por nuestros seres queridos, para que encontremos alivio, fortaleza y la gracia necesaria para superar nuestros desafíos.

Ayúdanos a ver la presencia de Dios en nuestras vidas, especialmente en momentos de dificultad, y a confiar en Su amor y Su poder sanador.

San Gil, acompáñanos en cada día de esta novena, inspirándonos a vivir con fe, esperanza y amor. Amén.

DÍA 1: POR LA FUERZA EN LA ADVERSIDAD

Amable San Gil, intercede por nosotros para que, al enfrentar las adversidades de la vida, encontremos fuerza y coraje en la fe.

Que nunca perdamos la esperanza, incluso en los momentos más difíciles. Amén.

Padre Nuestro, que estás en el cielo, santificado sea tu nombre; venga a nosotros tu reino; hágase tu voluntad, en la tierra como en el cielo.

Danos hoy nuestro pan de cada día; perdona nuestras ofensas, como también nosotros perdonamos a los que nos ofenden; no nos dejes caer en la tentación, y líbranos del mal. Amén.

Dios te salve, María, llena eres de gracia, el Señor es contigo.

Bendita tú eres entre todas las mujeres, y bendito es el fruto de tu vientre: Jesús.

Santa María, Madre de Dios, ruega por nosotros, pecadores, ahora y en la hora de nuestra muerte. Amén.

Gloria al Padre, al Hijo y al Espíritu Santo.

Como era en el principio, ahora y siempre, por los siglos de los siglos. Amén.

DÍA 2: POR LA SANACIÓN FÍSICA

Oh San Gil, pide al Señor que derrame su gracia sanadora sobre aquellos que sufren discapacidades físicas.

Que experimenten alivio en su dolor y mejora en su condición, según la voluntad divina. Amén.

Padre Nuestro, que estás en el cielo, santificado sea tu nombre; venga a nosotros tu reino; hágase tu voluntad, en la tierra como en el cielo.

Danos hoy nuestro pan de cada día; perdona nuestras ofensas, como también nosotros perdonamos a los que nos ofenden; no nos dejes caer en la tentación, y líbranos del mal. Amén.

Dios te salve, María, llena eres de gracia, el Señor es contigo.

Bendita tú eres entre todas las mujeres, y bendito es el fruto de tu vientre: Jesús.

Santa María, Madre de Dios, ruega por nosotros, pecadores, ahora y en la hora de nuestra muerte. Amén.

Gloria al Padre, al Hijo y al Espíritu Santo.

Como era en el principio, ahora y siempre, por los siglos de los siglos. Amén.

DÍA 3: POR LA ACEPTACIÓN Y EL AMOR PROPIO

Protector San Gil, ayúdanos a aceptarnos a nosotros mismos y a nuestros seres queridos tal como somos, reconociendo nuestra valía y dignidad en los ojos de Dios. Amén.

Padre Nuestro, que estás en el cielo, santificado sea tu nombre; venga a nosotros tu reino; hágase tu voluntad, en la tierra como en el cielo.

Danos hoy nuestro pan de cada día; perdona nuestras ofensas, como también nosotros perdonamos a los que nos ofenden; no nos dejes caer en la tentación, y líbranos del mal. Amén.

Dios te salve, María, llena eres de gracia, el Señor es contigo.

Bendita tú eres entre todas las mujeres, y bendito es el fruto de tu vientre: Jesús.

Santa María, Madre de Dios, ruega por nosotros, pecadores, ahora y en la hora de nuestra muerte. Amén.

Gloria al Padre, al Hijo y al Espíritu Santo.

Como era en el principio, ahora y siempre, por los siglos de los siglos. Amén.

DÍA 4: POR EL APOYO FAMILIAR Y COMUNITARIO

Intercede, San Gil, para que las familias y comunidades brinden apoyo, comprensión y amor incondicional a las personas con discapacidades, reflejando el amor de Cristo en cada acción. Amén.

Padre Nuestro, que estás en el cielo, santificado sea tu nombre; venga a nosotros tu reino; hágase tu voluntad, en la tierra como en el cielo.

Danos hoy nuestro pan de cada día; perdona nuestras ofensas, como también nosotros perdonamos a los que nos ofenden; no nos dejes caer en la tentación, y líbranos del mal. Amén.

Dios te salve, María, llena eres de gracia, el Señor es contigo.

Bendita tú eres entre todas las mujeres, y bendito es el fruto de tu vientre: Jesús.

Santa María, Madre de Dios, ruega por nosotros, pecadores, ahora y en la hora de nuestra muerte. Amén.

Gloria al Padre, al Hijo y al Espíritu Santo.

Como era en el principio, ahora y siempre, por los siglos de los siglos. Amén.

DÍA 5: POR LA INCLUSIÓN SOCIAL

Ruega por nosotros, San Gil, para que la sociedad se abra más hacia la inclusión, reconociendo el potencial y los dones de cada persona, sin importar sus limitaciones físicas. Amén.

Padre Nuestro, que estás en el cielo, santificado sea tu nombre; venga a nosotros tu reino; hágase tu voluntad, en la tierra como en el cielo.

Danos hoy nuestro pan de cada día; perdona nuestras ofensas, como también nosotros perdonamos a los que nos ofenden; no nos dejes caer en la tentación, y líbranos del mal. Amén.

Dios te salve, María, llena eres de gracia, el Señor es contigo.

Bendita tú eres entre todas las mujeres, y bendito es el fruto de tu vientre: Jesús.

Santa María, Madre de Dios, ruega por nosotros, pecadores, ahora y en la hora de nuestra muerte. Amén.

Gloria al Padre, al Hijo y al Espíritu Santo.

Como era en el principio, ahora y siempre, por los siglos de los siglos. Amén.

DÍA 6: POR LA PACIENCIA Y LA PERSEVERANCIA

Oh San Gil, otórganos paciencia y perseverancia al enfrentar los desafíos de la vida, para que, con tu ejemplo, podamos seguir adelante con esperanza y determinación. Amén.

Padre Nuestro, que estás en el cielo, santificado sea tu nombre; venga a nosotros tu reino; hágase tu voluntad, en la tierra como en el cielo.

Danos hoy nuestro pan de cada día; perdona nuestras ofensas, como también nosotros perdonamos a los que nos ofenden; no nos dejes caer en la tentación, y líbranos del mal. Amén.

Dios te salve, María, llena eres de gracia, el Señor es contigo.

Bendita tú eres entre todas las mujeres, y bendito es el fruto de tu vientre: Jesús.

Santa María, Madre de Dios, ruega por nosotros, pecadores, ahora y en la hora de nuestra muerte. Amén.

Gloria al Padre, al Hijo y al Espíritu Santo.

Como era en el principio, ahora y siempre, por los siglos de los siglos. Amén.

DÍA 7: POR LA SABIDURÍA EN LOS CUIDADORES

Pide al Señor que ilumine a los cuidadores de personas con discapacidades, otorgándoles sabiduría, paciencia y fuerza para realizar su importante labor con amor y dedicación. Amén.

Padre Nuestro, que estás en el cielo, santificado sea tu nombre; venga a nosotros tu reino; hágase tu voluntad, en la tierra como en el cielo.

Danos hoy nuestro pan de cada día; perdona nuestras ofensas, como también nosotros perdonamos a los que nos ofenden; no nos dejes caer en la tentación, y líbranos del mal. Amén.

Dios te salve, María, llena eres de gracia, el Señor es contigo.

Bendita tú eres entre todas las mujeres, y bendito es el fruto de tu vientre: Jesús.

Santa María, Madre de Dios, ruega por nosotros, pecadores, ahora y en la hora de nuestra muerte. Amén.

Gloria al Padre, al Hijo y al Espíritu Santo.

Como era en el principio, ahora y siempre, por los siglos de los siglos. Amén.

DÍA 8: POR LA SANACIÓN ESPIRITUAL

Glorioso San Gil, intercede por nuestra sanación espiritual, para que, al acercarnos más a Dios, encontremos paz y consuelo en su presencia amorosa. Amén.

Padre Nuestro, que estás en el cielo, santificado sea tu nombre; venga a nosotros tu reino; hágase tu voluntad, en la tierra como en el cielo.

Danos hoy nuestro pan de cada día; perdona nuestras ofensas, como también nosotros perdonamos a los que nos ofenden; no nos dejes caer en la tentación, y líbranos del mal. Amén.

Dios te salve, María, llena eres de gracia, el Señor es contigo.

Bendita tú eres entre todas las mujeres, y bendito es el fruto de tu vientre: Jesús.

Santa María, Madre de Dios, ruega por nosotros, pecadores, ahora y en la hora de nuestra muerte. Amén.

Gloria al Padre, al Hijo y al Espíritu Santo.

Como era en el principio, ahora y siempre, por los siglos de los siglos. Amén.

DÍA 9: EN ACCIÓN DE GRACIAS

En este último día de nuestra novena, te damos gracias, San Gil, por tu intercesión y compañía.

Que las bendiciones recibidas nos inspiren a vivir con gratitud, compartiendo el amor de Dios con todos. Amén.

Padre Nuestro, que estás en el cielo, santificado sea tu nombre; venga a nosotros tu reino; hágase tu voluntad, en la tierra como en el cielo.

Danos hoy nuestro pan de cada día; perdona nuestras ofensas, como también nosotros perdonamos a los que nos ofenden; no nos dejes caer en la tentación, y líbranos del mal. Amén.

Dios te salve, María, llena eres de gracia, el Señor es contigo.

Bendita tú eres entre todas las mujeres, y bendito es el fruto de tu vientre: Jesús.

Santa María, Madre de Dios, ruega por nosotros, pecadores, ahora y en la hora de nuestra muerte. Amén.

Gloria al Padre, al Hijo y al Espíritu Santo.

Como era en el principio, ahora y siempre, por los siglos de los siglos. Amén.

ORACIÓN PARA FINALIZAR LA NOVENA A SAN GIL

Glorioso San Gil, con corazones agradecidos concluimos esta novena que hemos ofrecido bajo tu amparo.

Te damos gracias por escuchar nuestras oraciones y por presentar nuestras necesidades ante el Señor.

A lo largo de estos días, nos has recordado la importancia de la fe, la esperanza y el amor en la superación de las discapacidades físicas.

Te pedimos que continúes siendo nuestro guía y protector, ayudándonos a nosotros y a todos los que enfrentan desafíos físicos a encontrar consuelo y fortaleza en el Señor.

Que las bendiciones recibidas por tu intercesión nos impulsen a servir a los demás con compasión y amor, siguiendo tu ejemplo de vida dedicada a la oración y al cuidado de los más necesitados.

San Gil, que tu santidad y tu bondad continúen inspirándonos en nuestro camino hacia la santidad, ayudándonos a reflejar el amor de Cristo en todo lo que hacemos. Amén.

Estas oraciones diarias durante la novena a San Gil buscan abarcar una amplia gama de peticiones, desde la sanación física y espiritual hasta el apoyo y la inclusión social, reflejando el espíritu compasivo y protector de San Gil hacia aquellos en necesidad.

Santa Margarita

Festividad:	Julio 18 / 20

Se le pide ayuda para:
Que asista a las mujeres y sus bebés en el momento del parto
y para sanar cualquier enfermedad que se le presenten a las
mujeres embarazadas y en general para la salud de los órganos
reproductivos femeninos.

VIDA DE LA SANTA

Santa Margarita de Antioquía, también conocida como Margarita la Virgen y Margarita de Marina, es una de las santas más veneradas dentro de la tradición cristiana, especialmente por las mujeres embarazadas y aquellas que enfrentan dificultades relacionadas con el sistema reproductivo femenino.

Aunque la historicidad de Santa Margarita es debatida, su leyenda y el poder de su intercesión han sido fuente de consuelo y milagros para los fieles a lo largo de los siglos.

Según la tradición, Santa Margarita vivió en Antioquía de Pisidia en el siglo III.

Hija de un sacerdote pagano, se convirtió al cristianismo a temprana edad, lo que la puso en conflicto no solo con su familia sino también con las autoridades romanas de la época.

Se dice que rechazó las propuestas de matrimonio de un prefecto romano debido a su compromiso con la castidad y su devoción a Cristo, lo que la llevó a ser perseguida.

Durante su encarcelamiento, se enfrentó a numerosas torturas debido a su rechazo a renunciar a su fe.

La leyenda más famosa sobre Santa Margarita cuenta que mientras estaba encarcelada, Satanás se le apareció en forma de dragón y la tragó; sin embargo, la cruz que llevaba consigo le permitió salir ilesa, simbolizando su victoria sobre el mal.

Finalmente, fue martirizada por su fe, convirtiéndose en un poderoso ejemplo de valentía y firmeza espiritual.

Santa Margarita es una de las santas mártires conocidas como las Santas Vírgenes Capadocias y es una de las catorce santas auxiliares en la tradición católica.

Su festividad se celebra el 20 de julio y el día 18 en iglesias orientales.

Es invocada especialmente por las mujeres embarazadas debido a su milagrosa salida del vientre del dragón, simbolizando la protección durante el embarazo y el parto.

Además, se le pide intercesión para la sanación de enfermedades relacionadas con el sistema reproductivo femenino y para brindar fuerza y protección a las mujeres en estos momentos críticos de la vida.

La devoción a Santa Margarita de Antioquía sigue siendo un testimonio de la fe en el poder intercesor de los santos y en la capacidad de superar las dificultades con la ayuda de la gracia divina, especialmente para aquellas mujeres que buscan su protección y guía durante el embarazo y en momentos de vulnerabilidad.

ORACIÓN PARA EMPEZAR A REZAR LA NOVENA A SANTA MARGARITA DE ANTIOQUÍA

Nota: Cada uno de los 9 días, rece primero esta oración y luego la oración correspondiente al día.

Oh bendita Santa Margarita de Antioquía, valiente mártir y protectora de las mujeres embarazadas, con profunda fe iniciamos esta novena en tu honor, buscando tu intercesión ante nuestro Señor.

Tú, que triunfaste sobre el mal y emergiste victoriosa incluso desde el vientre del dragón, acompáñanos en este tiempo de oración y reflexión.

Intercede por todas las mujeres que atraviesan el embarazo, para que experimenten la protección y el cuidado divinos durante este sagrado periodo de espera y en el momento del parto.

Ruega también por aquellas que enfrentan desafíos en su sistema reproductivo, para que encuentren sanación y consuelo en el amor de Dios.

Que tu ejemplo de fe inquebrantable y valentía nos inspire a todos a vivir más plenamente de acuerdo con la voluntad divina. Amén.

DÍA 1: POR LA PROTECCIÓN DURANTE EL EMBARAZO

Santa Margarita de Antioquía, protectora de las embarazadas, te pedimos tu intercesión para que todas las mujeres en esta dulce espera estén seguras y protegidas. Amén.

Padre Nuestro, que estás en el cielo, santificado sea tu nombre; venga a nosotros tu reino; hágase tu voluntad, en la tierra como en el cielo.

Danos hoy nuestro pan de cada día; perdona nuestras ofensas, como también nosotros perdonamos a los que nos ofenden; no nos dejes caer en la tentación, y líbranos del mal. Amén.

Dios te salve, María, llena eres de gracia, el Señor es contigo.

Bendita tú eres entre todas las mujeres, y bendito es el fruto de tu vientre: Jesús.

Santa María, Madre de Dios, ruega por nosotros, pecadores, ahora y en la hora de nuestra muerte. Amén.

Gloria al Padre, al Hijo y al Espíritu Santo.

Como era en el principio, ahora y siempre, por los siglos de los siglos. Amén.

DÍA 2: POR UN PARTO SEGURO Y SIN COMPLICACIONES

Intercede, Santa Margarita, para que los partos sean seguros y libres de complicaciones, y tanto las madres como los bebés gocen de buena salud. Amén.

Padre Nuestro, que estás en el cielo, santificado sea tu nombre; venga a nosotros tu reino; hágase tu voluntad, en la tierra como en el cielo.

Danos hoy nuestro pan de cada día; perdona nuestras ofensas, como también nosotros perdonamos a los que nos ofenden; no nos dejes caer en la tentación, y líbranos del mal. Amén.

Dios te salve, María, llena eres de gracia, el Señor es contigo.

Bendita tú eres entre todas las mujeres, y bendito es el fruto de tu vientre: Jesús.

Santa María, Madre de Dios, ruega por nosotros, pecadores, ahora y en la hora de nuestra muerte. Amén.

Gloria al Padre, al Hijo y al Espíritu Santo.

Como era en el principio, ahora y siempre, por los siglos de los siglos. Amén.

DÍA 3: POR LA SANACIÓN DE ENFERMEDADES DEL SISTEMA REPRODUCTIVO

Oh Santa Margarita, rogamos por tu ayuda en la sanación de las enfermedades que afectan el sistema reproductivo femenino, para que todas puedan experimentar alivio y recuperación. Amén.

Padre Nuestro, que estás en el cielo, santificado sea tu nombre; venga a nosotros tu reino; hágase tu voluntad, en la tierra como en el cielo.

Danos hoy nuestro pan de cada día; perdona nuestras ofensas, como también nosotros perdonamos a los que nos ofenden; no nos dejes caer en la tentación, y líbranos del mal. Amén.

Dios te salve, María, llena eres de gracia, el Señor es contigo.

Bendita tú eres entre todas las mujeres, y bendito es el fruto de tu vientre: Jesús.

Santa María, Madre de Dios, ruega por nosotros, pecadores, ahora y en la hora de nuestra muerte. Amén.

Gloria al Padre, al Hijo y al Espíritu Santo.

Como era en el principio, ahora y siempre, por los siglos de los siglos. Amén.

DÍA 4: POR LA FORTALEZA Y LA PAZ EN EL EMBARAZO

Te pedimos, Santa Margarita, que otorgues fortaleza y paz a las mujeres embarazadas, ayudándolas a superar miedos y ansiedades. Amén.

Padre Nuestro, que estás en el cielo, santificado sea tu nombre; venga a nosotros tu reino; hágase tu voluntad, en la tierra como en el cielo.

Danos hoy nuestro pan de cada día; perdona nuestras ofensas, como también nosotros perdonamos a los que nos ofenden; no nos dejes caer en la tentación, y líbranos del mal. Amén.

Dios te salve, María, llena eres de gracia, el Señor es contigo.

Bendita tú eres entre todas las mujeres, y bendito es el fruto de tu vientre: Jesús.

Santa María, Madre de Dios, ruega por nosotros, pecadores, ahora y en la hora de nuestra muerte. Amén.

Gloria al Padre, al Hijo y al Espíritu Santo.

Como era en el principio, ahora y siempre, por los siglos de los siglos. Amén.

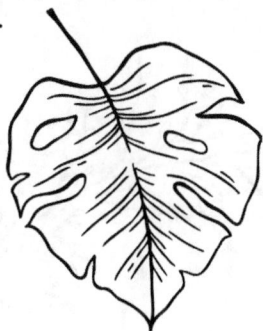

DÍA 5: POR LAS FAMILIAS QUE ESPERAN UN HIJO

Ruega por las familias que aguardan la llegada de un nuevo miembro, para que este tiempo de espera esté lleno de amor, paciencia y alegría. Amén.

Padre Nuestro, que estás en el cielo, santificado sea tu nombre; venga a nosotros tu reino; hágase tu voluntad, en la tierra como en el cielo.

Danos hoy nuestro pan de cada día; perdona nuestras ofensas, como también nosotros perdonamos a los que nos ofenden; no nos dejes caer en la tentación, y líbranos del mal. Amén.

Dios te salve, María, llena eres de gracia, el Señor es contigo.

Bendita tú eres entre todas las mujeres, y bendito es el fruto de tu vientre: Jesús.

Santa María, Madre de Dios, ruega por nosotros, pecadores, ahora y en la hora de nuestra muerte. Amén.

Gloria al Padre, al Hijo y al Espíritu Santo.

Como era en el principio, ahora y siempre, por los siglos de los siglos. Amén.

DÍA 6: POR LAS MUJERES QUE ENFRENTAN DIFICULTADES PARA CONCEBIR

Intercede, Santa Margarita, por aquellas mujeres que enfrentan desafíos para concebir, para que encuentren consuelo y esperanza en tu intercesión. Amén.

Padre Nuestro, que estás en el cielo, santificado sea tu nombre; venga a nosotros tu reino; hágase tu voluntad, en la tierra como en el cielo.

Danos hoy nuestro pan de cada día; perdona nuestras ofensas, como también nosotros perdonamos a los que nos ofenden; no nos dejes caer en la tentación, y líbranos del mal. Amén.

Dios te salve, María, llena eres de gracia, el Señor es contigo.

Bendita tú eres entre todas las mujeres, y bendito es el fruto de tu vientre: Jesús.

Santa María, Madre de Dios, ruega por nosotros, pecadores, ahora y en la hora de nuestra muerte. Amén.

Gloria al Padre, al Hijo y al Espíritu Santo.

Como era en el principio, ahora y siempre, por los siglos de los siglos. Amén.

DÍA 7: POR LA PROTECCIÓN CONTRA TODO MAL

Oh valiente Santa Margarita, protégenos a nosotros y a nuestros seres queridos de todo mal y peligro, como lo hiciste al vencer al dragón. Amén.

Padre Nuestro, que estás en el cielo, santificado sea tu nombre; venga a nosotros tu reino; hágase tu voluntad, en la tierra como en el cielo.

Danos hoy nuestro pan de cada día; perdona nuestras ofensas, como también nosotros perdonamos a los que nos ofenden; no nos dejes caer en la tentación, y líbranos del mal. Amén.

Dios te salve, María, llena eres de gracia, el Señor es contigo.

Bendita tú eres entre todas las mujeres, y bendito es el fruto de tu vientre: Jesús.

Santa María, Madre de Dios, ruega por nosotros, pecadores, ahora y en la hora de nuestra muerte. Amén.

Gloria al Padre, al Hijo y al Espíritu Santo.

Como era en el principio, ahora y siempre, por los siglos de los siglos. Amén.

DÍA 8: POR LA SABIDURÍA Y GUÍA DE LOS MÉDICOS Y PERSONAL DE SALUD

Te pedimos que otorgues sabiduría y guía a médicos, enfermeras y todo el personal de salud que cuida de las embarazadas y sus bebés. Amén.

Padre Nuestro, que estás en el cielo, santificado sea tu nombre; venga a nosotros tu reino; hágase tu voluntad, en la tierra como en el cielo.

Danos hoy nuestro pan de cada día; perdona nuestras ofensas, como también nosotros perdonamos a los que nos ofenden; no nos dejes caer en la tentación, y líbranos del mal. Amén.

Dios te salve, María, llena eres de gracia, el Señor es contigo.

Bendita tú eres entre todas las mujeres, y bendito es el fruto de tu vientre: Jesús.

Santa María, Madre de Dios, ruega por nosotros, pecadores, ahora y en la hora de nuestra muerte. Amén.

Gloria al Padre, al Hijo y al Espíritu Santo.

Como era en el principio, ahora y siempre, por los siglos de los siglos. Amén.

DÍA 9: EN ACCIÓN DE GRACIAS

En este último día de nuestra novena, damos gracias por tu intercesión, Santa Margarita de Antioquía, y por las bendiciones recibidas a través de tu oración.

Que sigamos sintiendo tu protección y guía en nuestras vidas. Amén.

Padre Nuestro, que estás en el cielo, santificado sea tu nombre; venga a nosotros tu reino; hágase tu voluntad, en la tierra como en el cielo.

Danos hoy nuestro pan de cada día; perdona nuestras ofensas, como también nosotros perdonamos a los que nos ofenden; no nos dejes caer en la tentación, y líbranos del mal. Amén.

Dios te salve, María, llena eres de gracia, el Señor es contigo.

Bendita tú eres entre todas las mujeres, y bendito es el fruto de tu vientre: Jesús.

Santa María, Madre de Dios, ruega por nosotros, pecadores, ahora y en la hora de nuestra muerte. Amén.

Gloria al Padre, al Hijo y al Espíritu Santo.

Como era en el principio, ahora y siempre, por los siglos de los siglos. Amén.

ORACIÓN PARA FINALIZAR LA NOVENA A SANTA MARGARITA DE ANTIOQUÍA

Gloriosa Santa Margarita de Antioquía, al concluir esta novena elevada con amor y esperanza, te damos gracias por escuchar nuestras súplicas y por tu continua intercesión ante el trono de la gracia divina.

Con corazones llenos de gratitud, pedimos que las bendiciones recibidas durante estos días de oración fortalezcan nuestra fe y nos acerquen más a Dios.

Sigue protegiendo y guiando a todas las mujeres en su camino hacia la maternidad, asegurando su bienestar y el de sus hijos.

Que las mujeres que buscan sanación y alivio para sus dolencias encuentren en tu intercesión una fuente de esperanza y renovación.

Santa Margarita, que tu coraje y tu devoción sigan siendo un faro de luz para nosotros, recordándonos el poder del amor y la misericordia de Dios en nuestras vidas. Amén.

Estas oraciones están escritas para acompañar a los fieles a través de una novena a Santa Margarita de Antioquía, buscando su intercesión en diversos aspectos relacionados con el embarazo, el parto, y la salud reproductiva, fortaleciendo la fe y la confianza en Dios durante estos momentos significativos de la vida.

San Pantaleón

Festividad:	Julio 27

Se le pide ayuda para:
Sanar de cualquier tipo de cáncer y otras enfermedades terminales y para que nos ponga en manos de los mejores médicos y enfermeras

VIDA DEL SANTO

San Pantaleón, conocido en la tradición cristiana como el gran médico y mártir, vivió durante el siglo III en Nicomedia, en la actual Turquía.

Nacido en una familia acomodada, su padre era pagano y su madre cristiana, lo que le permitió recibir una educación en diversas áreas del conocimiento, incluida la medicina, en la que destacó por su habilidad y compasión.

Convertido al cristianismo gracias a la influencia de su madre y de personas piadosas que conoció, Pantaleón se dedicó no solo a curar enfermedades físicas con sus conocimientos médicos, sino también a ofrecer consuelo espiritual a sus pacientes, viendo en cada uno de ellos la imagen de Cristo.

Se dice que realizó numerosos milagros de sanación, lo que aumentó la fe de muchos y atrajo la ira de otros.

Durante la persecución de los cristianos bajo el emperador Diocleciano, Pantaleón fue arrestado por su fe y por negarse a renunciar a Cristo.

A pesar de las torturas a las que fue sometido, permaneció firme en su fe y, finalmente, fue martirizado, convirtiéndose en un símbolo de la resistencia cristiana y del poder de la fe sobre la adversidad.

San Pantaleón es considerado uno de los Catorce Santos Auxiliares en la tradición católica, invocado especialmente por aquellos que buscan curación de enfermedades graves como el cáncer y otras condiciones terminales.

Su historia inspira a los fieles a confiar en Dios en los momentos de enfermedad y sufrimiento, recordándoles la importancia de la compasión y el cuidado hacia los enfermos.

Su festividad se celebra el 27 de julio, y es patrono de los médicos y los enfermeros, siendo un modelo para aquellos en el campo de la medicina, alentándolos a ver más allá de la enfermedad y a tratar a cada paciente con amor y empatía, como lo haría Cristo.

La devoción a San Pantaleón nos anima a pedir su intercesión para que podamos encontrar los mejores cuidados médicos posibles y para que, a través de su ayuda, aquellos que sufren enfermedades graves puedan experimentar consuelo, fortaleza y, si es la voluntad de Dios, sanación.

ORACIÓN PARA EMPEZAR A REZAR LA NOVENA A SAN PANTALEÓN

Nota: Cada uno de los 9 días, rece primero esta oración y luego la oración correspondiente al día.

Oh bendito San Pantaleón, mártir compasivo y patrón de los médicos y enfermeros, nos acercamos a ti al comenzar esta novena, pidiendo tu intercesión poderosa.

Tú, que en tu vida terrenal combinaste el arte de la medicina con un inmenso amor por Cristo, otorga tu ayuda a todos aquellos que actualmente luchan contra el cáncer y otras enfermedades terminales.

Ruega por nosotros, para que, a través de tu intercesión, Dios nos conceda la gracia de la recuperación y la fortaleza en la adversidad.

Inspíranos a confiar plenamente en el amor misericordioso de Dios y a buscar siempre el consuelo en su divina voluntad.

Que seamos puestos en manos de médicos y enfermeras competentes y compasivos, reflejo de tu amor y dedicación a los enfermos.

San Pantaleón, acompáñanos en cada paso de esta novena, fortaleciendo nuestra fe y esperanza. Amén.

DÍA 1: POR LA FORTALEZA EN LA ENFERMEDAD

San Pantaleón, modelo de fortaleza en la enfermedad, te pedimos que nos concedas la fuerza necesaria para enfrentar los desafíos de la enfermedad, especialmente el cáncer y otras dolencias graves. Amén.

Padre Nuestro, que estás en el cielo, santificado sea tu nombre; venga a nosotros tu reino; hágase tu voluntad, en la tierra como en el cielo.

Danos hoy nuestro pan de cada día; perdona nuestras ofensas, como también nosotros perdonamos a los que nos ofenden; no nos dejes caer en la tentación, y líbranos del mal. Amén.

Dios te salve, María, llena eres de gracia, el Señor es contigo.

Bendita tú eres entre todas las mujeres, y bendito es el fruto de tu vientre: Jesús.

Santa María, Madre de Dios, ruega por nosotros, pecadores, ahora y en la hora de nuestra muerte. Amén.

Gloria al Padre, al Hijo y al Espíritu Santo.

Como era en el principio, ahora y siempre, por los siglos de los siglos. Amén.

DÍA 2: POR LA INTERCESIÓN DIVINA EN LA RECUPERACIÓN

Oh glorioso San Pantaleón, rogamos tu intercesión ante Dios Todopoderoso para que, en su infinita misericordia, nos conceda la gracia de la recuperación y la restauración de la salud. Amén.

Padre Nuestro, que estás en el cielo, santificado sea tu nombre; venga a nosotros tu reino; hágase tu voluntad, en la tierra como en el cielo.

Danos hoy nuestro pan de cada día; perdona nuestras ofensas, como también nosotros perdonamos a los que nos ofenden; no nos dejes caer en la tentación, y líbranos del mal. Amén.

Dios te salve, María, llena eres de gracia, el Señor es contigo.

Bendita tú eres entre todas las mujeres, y bendito es el fruto de tu vientre: Jesús.

Santa María, Madre de Dios, ruega por nosotros, pecadores, ahora y en la hora de nuestra muerte. Amén.

Gloria al Padre, al Hijo y al Espíritu Santo.

Como era en el principio, ahora y siempre, por los siglos de los siglos. Amén.

DÍA 3: POR LA GUÍA DE LOS MÉDICOS Y ENFERMERAS

Te pedimos, San Pantaleón, que guíes a los médicos, enfermeras y todo el personal de salud que nos atiende, para que sus manos sean instrumentos de la divina providencia en nuestro proceso de sanación. Amén.

Padre Nuestro, que estás en el cielo, santificado sea tu nombre; venga a nosotros tu reino; hágase tu voluntad, en la tierra como en el cielo.

Danos hoy nuestro pan de cada día; perdona nuestras ofensas, como también nosotros perdonamos a los que nos ofenden; no nos dejes caer en la tentación, y líbranos del mal. Amén.

Dios te salve, María, llena eres de gracia, el Señor es contigo.

Bendita tú eres entre todas las mujeres, y bendito es el fruto de tu vientre: Jesús.

Santa María, Madre de Dios, ruega por nosotros, pecadores, ahora y en la hora de nuestra muerte. Amén.

Gloria al Padre, al Hijo y al Espíritu Santo.

Como era en el principio, ahora y siempre, por los siglos de los siglos. Amén.

DÍA 4: POR LA PAZ Y EL CONSUELO INTERIOR

Ruega por nosotros, San Pantaleón, para que en medio de la enfermedad encontremos paz y consuelo en la presencia amorosa de Dios, sabiendo que Él está siempre con nosotros en nuestro sufrimiento. Amén.

Padre Nuestro, que estás en el cielo, santificado sea tu nombre; venga a nosotros tu reino; hágase tu voluntad, en la tierra como en el cielo.

Danos hoy nuestro pan de cada día; perdona nuestras ofensas, como también nosotros perdonamos a los que nos ofenden; no nos dejes caer en la tentación, y líbranos del mal. Amén.

Dios te salve, María, llena eres de gracia, el Señor es contigo.

Bendita tú eres entre todas las mujeres, y bendito es el fruto de tu vientre: Jesús.

Santa María, Madre de Dios, ruega por nosotros, pecadores, ahora y en la hora de nuestra muerte. Amén.

Gloria al Padre, al Hijo y al Espíritu Santo.

Como era en el principio, ahora y siempre, por los siglos de los siglos. Amén.

DÍA 5: POR LA PROTECCIÓN CONTRA EL DESALIENTO Y LA DESESPERANZA

Intercede por nosotros, San Pantaleón, para que en los momentos de desaliento y desesperanza encontremos la luz de la esperanza y la confianza en el amor divino que todo lo puede sanar y restaurar. Amén.

Padre Nuestro, que estás en el cielo, santificado sea tu nombre; venga a nosotros tu reino; hágase tu voluntad, en la tierra como en el cielo.

Danos hoy nuestro pan de cada día; perdona nuestras ofensas, como también nosotros perdonamos a los que nos ofenden; no nos dejes caer en la tentación, y líbranos del mal. Amén.

Dios te salve, María, llena eres de gracia, el Señor es contigo.

Bendita tú eres entre todas las mujeres, y bendito es el fruto de tu vientre: Jesús.

Santa María, Madre de Dios, ruega por nosotros, pecadores, ahora y en la hora de nuestra muerte. Amén.

Gloria al Padre, al Hijo y al Espíritu Santo.

Como era en el principio, ahora y siempre, por los siglos de los siglos. Amén.

DÍA 6: POR LA ACEPTACIÓN DE LA VOLUNTAD DE DIOS

Oh Santo Pantaleón, ayúdanos a aceptar la voluntad de Dios en nuestra vida, confiando en que Él obra todas las cosas para nuestro bien, incluso en medio de la enfermedad y el sufrimiento. Amén.

Padre Nuestro, que estás en el cielo, santificado sea tu nombre; venga a nosotros tu reino; hágase tu voluntad, en la tierra como en el cielo.

Danos hoy nuestro pan de cada día; perdona nuestras ofensas, como también nosotros perdonamos a los que nos ofenden; no nos dejes caer en la tentación, y líbranos del mal. Amén.

Dios te salve, María, llena eres de gracia, el Señor es contigo.

Bendita tú eres entre todas las mujeres, y bendito es el fruto de tu vientre: Jesús.

Santa María, Madre de Dios, ruega por nosotros, pecadores, ahora y en la hora de nuestra muerte. Amén.

Gloria al Padre, al Hijo y al Espíritu Santo.

Como era en el principio, ahora y siempre, por los siglos de los siglos. Amén.

DÍA 7: POR LA PROTECCIÓN DE NUESTROS SERES QUERIDOS

Te pedimos, San Pantaleón, que protejas y cuides a nuestros seres queridos que también sufren enfermedades graves, para que encuentren consuelo y esperanza en la fe en Dios y en tu intercesión poderosa. Amén.

Padre Nuestro, que estás en el cielo, santificado sea tu nombre; venga a nosotros tu reino; hágase tu voluntad, en la tierra como en el cielo.

Danos hoy nuestro pan de cada día; perdona nuestras ofensas, como también nosotros perdonamos a los que nos ofenden; no nos dejes caer en la tentación, y líbranos del mal. Amén.

Dios te salve, María, llena eres de gracia, el Señor es contigo.

Bendita tú eres entre todas las mujeres, y bendito es el fruto de tu vientre: Jesús.

Santa María, Madre de Dios, ruega por nosotros, pecadores, ahora y en la hora de nuestra muerte. Amén.

Gloria al Padre, al Hijo y al Espíritu Santo.

Como era en el principio, ahora y siempre, por los siglos de los siglos. Amén.

DÍA 8: POR LA COMUNIDAD DE FE

Ruega por nosotros, San Pantaleón, para que en la comunidad de fe encontremos apoyo, consuelo y oraciones mientras enfrentamos las pruebas de la enfermedad. Amén.

Padre Nuestro, que estás en el cielo, santificado sea tu nombre; venga a nosotros tu reino; hágase tu voluntad, en la tierra como en el cielo.

Danos hoy nuestro pan de cada día; perdona nuestras ofensas, como también nosotros perdonamos a los que nos ofenden; no nos dejes caer en la tentación, y líbranos del mal. Amén.

Dios te salve, María, llena eres de gracia, el Señor es contigo.

Bendita tú eres entre todas las mujeres, y bendito es el fruto de tu vientre: Jesús.

Santa María, Madre de Dios, ruega por nosotros, pecadores, ahora y en la hora de nuestra muerte. Amén.

Gloria al Padre, al Hijo y al Espíritu Santo.

Como era en el principio, ahora y siempre, por los siglos de los siglos. Amén.

DÍA 9: EN ACCIÓN DE GRACIAS

En este último día de nuestra novena, te damos gracias, San Pantaleón, por tu intercesión constante y por las bendiciones recibidas.

Que nuestra fe en Dios y en su poder sanador siga fortaleciéndose cada día. Amén.

Padre Nuestro, que estás en el cielo, santificado sea tu nombre; venga a nosotros tu reino; hágase tu voluntad, en la tierra como en el cielo.

Danos hoy nuestro pan de cada día; perdona nuestras ofensas, como también nosotros perdonamos a los que nos ofenden; no nos dejes caer en la tentación, y líbranos del mal. Amén.

Dios te salve, María, llena eres de gracia, el Señor es contigo.

Bendita tú eres entre todas las mujeres, y bendito es el fruto de tu vientre: Jesús.

Santa María, Madre de Dios, ruega por nosotros, pecadores, ahora y en la hora de nuestra muerte. Amén.

Gloria al Padre, al Hijo y al Espíritu Santo.

Como era en el principio, ahora y siempre, por los siglos de los siglos. Amén.

ORACIÓN PARA FINALIZAR LA NOVENA A SAN PANTALEÓN

Glorioso San Pantaleón, fiel servidor de Cristo y protector de los enfermos, con corazones agradecidos concluimos esta novena que hemos ofrecido bajo tu amparo.

Te damos gracias por escuchar nuestras súplicas y por presentar nuestras necesidades ante el Señor.

Que las bendiciones recibidas durante estos días de oración nos llenen de esperanza y nos renueven en espíritu, mente y cuerpo.

Continúa guiando a aquellos que nos cuidan en nuestro camino hacia la sanación, y que tu ejemplo de amor incondicional y servicio desinteresado inspire a todos en el campo de la medicina.

Que las gracias que buscamos a través de tu intercesión, especialmente la recuperación de enfermedades graves, se manifiesten en nuestras vidas según la voluntad divina.

San Pantaleón, que tu coraje y tu fe inquebrantable en el poder sanador de Dios sean siempre una fuente de inspiración y consuelo para nosotros. Amén.

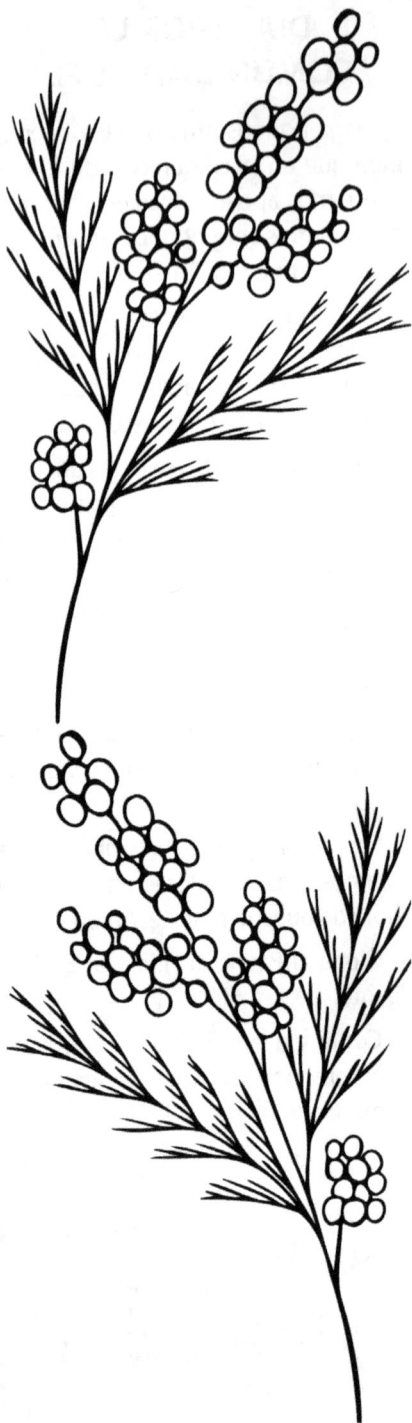

San Vito

Festividad:	Junio 15

Se le pide ayuda para:
Sanar de la epilepsia y otras enfermedades cerebrales que causan convulsiones, pérdida de la memoria, la movilidad o de otras facultades.

VIDA DEL SANTO

San Vito, también conocido como San Vito de Lucania o San Guy, es un santo mártir venerado en la tradición cristiana, especialmente por aquellos que sufren de epilepsia y otras enfermedades cerebrales que causan convulsiones, pérdida de memoria, movilidad u otras facultades mentales y físicas.

Su vida está envuelta en leyendas piadosas que han capturado la imaginación y la devoción de los fieles a lo largo de los siglos.

Se cree que San Vito vivió en el siglo IV en Lucania, una región del sur de Italia.

Era hijo de una familia cristiana y desde temprana edad demostró una profunda piedad y dedicación a la fe.

A medida que crecía, sus dones espirituales y su compromiso con Cristo se hicieron cada vez más evidentes.

Según la tradición, San Vito fue perseguido por las autoridades romanas debido a su fe cristiana y se vio obligado a huir a la región de Lucania para evitar su captura.

Durante su tiempo en Lucania, se dice que realizó numerosos milagros, incluida la curación de aquellos que sufrían de enfermedades mentales y físicas, particularmente epilepsia y convulsiones.

A pesar de sus esfuerzos por evitar la persecución, San Vito finalmente fue arrestado por las autoridades romanas por su negativa a renunciar a su fe en Cristo.

Fue sometido a diversas torturas, pero su fe permaneció inquebrantable.

Se dice que incluso en prisión, continuó realizando milagros y consolando a los que sufrían.

Finalmente, San Vito fue martirizado por su fe, junto con sus amigos y compañeros cristianos, Modesto y Crescencia.

Su muerte ocurrió alrededor del año 303 d.C.

Después de su martirio, su culto se extendió rápidamente por Europa, y se le invoca como protector y sanador de aquellos que sufren de enfermedades neurológicas y mentales.

La festividad de San Vito se celebra el 15 de junio, y es un momento en el que los devotos acuden a él con oraciones y peticiones, buscando su intercesión para la curación y la protección contra enfermedades cerebrales y convulsiones.

Su historia inspira a aquellos que enfrentan dificultades mentales y físicas a encontrar consuelo y esperanza en la fe en Cristo y en la intercesión de los santos.

ORACIÓN PARA EMPEZAR A REZAR LA NOVENA A SAN VITO

Nota: Cada uno de los 9 días, rece primero esta oración y luego la oración correspondiente al día.

Oh glorioso San Vito, mártir valiente y protector de aquellos que sufren de epilepsia y enfermedades cerebrales, nos reunimos ante ti con humildad y devoción para comenzar esta novena en tu honor.

Tú, que experimentaste el sufrimiento y la persecución por tu fe en Cristo, comprendes nuestras cargas y dolores.

Te pedimos tu intercesión especial para aquellos que padecen epilepsia y otras enfermedades neurológicas, para que encuentren consuelo, sanación y fortaleza en su lucha.

Guíanos en estos días de oración y concede, por tu intercesión, la gracia de la curación y la paz interior a aquellos que más lo necesitan. Amén.

DÍA 1: POR LA FORTALEZA EN LA ADVERSIDAD

San Vito, valiente mártir de la fe, te pedimos que nos concedas la fortaleza necesaria para enfrentar los desafíos y dificultades de la epilepsia y otras enfermedades cerebrales.

Ayúdanos a encontrar consuelo en nuestra fe y a mantener la esperanza en medio de la adversidad. Amén.

Padre Nuestro, que estás en el cielo, santificado sea tu nombre; venga a nosotros tu reino; hágase tu voluntad, en la tierra como en el cielo.

Danos hoy nuestro pan de cada día; perdona nuestras ofensas, como también nosotros perdonamos a los que nos ofenden; no nos dejes caer en la tentación, y líbranos del mal. Amén.

Dios te salve, María, llena eres de gracia, el Señor es contigo.

Bendita tú eres entre todas las mujeres, y bendito es el fruto de tu vientre: Jesús.

Santa María, Madre de Dios, ruega por nosotros, pecadores, ahora y en la hora de nuestra muerte. Amén.

Gloria al Padre, al Hijo y al Espíritu Santo.

Como era en el principio, ahora y siempre, por los siglos de los siglos. Amén.

DÍA 2: POR LA PAZ EN EL CORAZÓN

Te rogamos, San Vito, que nos concedas la paz interior que tanto necesitamos mientras enfrentamos los desafíos de la enfermedad.

Que podamos encontrar consuelo en la presencia amorosa de Dios y en tu intercesión poderosa. Amén.

Padre Nuestro, que estás en el cielo, santificado sea tu nombre; venga a nosotros tu reino; hágase tu voluntad, en la tierra como en el cielo.

Danos hoy nuestro pan de cada día; perdona nuestras ofensas, como también nosotros perdonamos a los que nos ofenden; no nos dejes caer en la tentación, y líbranos del mal. Amén.

Dios te salve, María, llena eres de gracia, el Señor es contigo.

Bendita tú eres entre todas las mujeres, y bendito es el fruto de tu vientre: Jesús.

Santa María, Madre de Dios, ruega por nosotros, pecadores, ahora y en la hora de nuestra muerte. Amén.

Gloria al Padre, al Hijo y al Espíritu Santo.

Como era en el principio, ahora y siempre, por los siglos de los siglos. Amén.

DÍA 3: POR LA SANACIÓN DEL CUERPO Y DEL ALMA

Oh bondadoso San Vito, te pedimos que intercedas ante Dios por nuestra sanación física y espiritual.

Que nuestras mentes y cuerpos sean restaurados por el poder divino, y que experimentemos la plenitud de la salud y la alegría renovada en nuestra vida. Amén.

Padre Nuestro, que estás en el cielo, santificado sea tu nombre; venga a nosotros tu reino; hágase tu voluntad, en la tierra como en el cielo.

Danos hoy nuestro pan de cada día; perdona nuestras ofensas, como también nosotros perdonamos a los que nos ofenden; no nos dejes caer en la tentación, y líbranos del mal. Amén.

Dios te salve, María, llena eres de gracia, el Señor es contigo.

Bendita tú eres entre todas las mujeres, y bendito es el fruto de tu vientre: Jesús.

Santa María, Madre de Dios, ruega por nosotros, pecadores, ahora y en la hora de nuestra muerte. Amén.

Gloria al Padre, al Hijo y al Espíritu Santo.

Como era en el principio, ahora y siempre, por los siglos de los siglos. Amén.

DÍA 4: POR EL ALIVIO DEL DOLOR Y EL SUFRIMIENTO

San Vito, consolador de los afligidos, te pedimos que alivies nuestro dolor y sufrimiento causado por la epilepsia y otras enfermedades cerebrales.

Concede tu gracia sanadora para que podamos encontrar alivio y paz en medio de nuestras pruebas. Amén.

Padre Nuestro, que estás en el cielo, santificado sea tu nombre; venga a nosotros tu reino; hágase tu voluntad, en la tierra como en el cielo.

Danos hoy nuestro pan de cada día; perdona nuestras ofensas, como también nosotros perdonamos a los que nos ofenden; no nos dejes caer en la tentación, y líbranos del mal. Amén.

Dios te salve, María, llena eres de gracia, el Señor es contigo.

Bendita tú eres entre todas las mujeres, y bendito es el fruto de tu vientre: Jesús.

Santa María, Madre de Dios, ruega por nosotros, pecadores, ahora y en la hora de nuestra muerte. Amén.

Gloria al Padre, al Hijo y al Espíritu Santo.

Como era en el principio, ahora y siempre, por los siglos de los siglos. Amén.

DÍA 5: POR LA PROTECCIÓN DIVINA

Ruega por nosotros, San Vito, para que seamos protegidos de todo mal y peligro mientras enfrentamos los desafíos de la enfermedad.

Que el amor y la protección de Dios nos rodeen en todo momento y nos guíen hacia la sanación y la paz. Amén.

Padre Nuestro, que estás en el cielo, santificado sea tu nombre; venga a nosotros tu reino; hágase tu voluntad, en la tierra como en el cielo.

Danos hoy nuestro pan de cada día; perdona nuestras ofensas, como también nosotros perdonamos a los que nos ofenden; no nos dejes caer en la tentación, y líbranos del mal. Amén.

Dios te salve, María, llena eres de gracia, el Señor es contigo.

Bendita tú eres entre todas las mujeres, y bendito es el fruto de tu vientre: Jesús.

Santa María, Madre de Dios, ruega por nosotros, pecadores, ahora y en la hora de nuestra muerte. Amén.

Gloria al Padre, al Hijo y al Espíritu Santo.

Como era en el principio, ahora y siempre, por los siglos de los siglos. Amén.

DÍA 6: POR LA SABIDURÍA DE LOS MÉDICOS Y CUIDADORES

Intercede por nosotros, San Vito, para que los médicos, enfermeras y cuidadores que nos atienden sean guiados por la sabiduría divina en su tratamiento y cuidado.

Que sus manos sean instrumentos de la gracia de Dios en nuestro camino hacia la sanación. Amén.

Padre Nuestro, que estás en el cielo, santificado sea tu nombre; venga a nosotros tu reino; hágase tu voluntad, en la tierra como en el cielo.

Danos hoy nuestro pan de cada día; perdona nuestras ofensas, como también nosotros perdonamos a los que nos ofenden; no nos dejes caer en la tentación, y líbranos del mal. Amén.

Dios te salve, María, llena eres de gracia, el Señor es contigo.

Bendita tú eres entre todas las mujeres, y bendito es el fruto de tu vientre: Jesús.

Santa María, Madre de Dios, ruega por nosotros, pecadores, ahora y en la hora de nuestra muerte. Amén.

Gloria al Padre, al Hijo y al Espíritu Santo.

Como era en el principio, ahora y siempre, por los siglos de los siglos. Amén.

DÍA 7: POR LA ESPERANZA EN EL FUTURO

Te pedimos, San Vito, que infundas esperanza en nuestros corazones mientras enfrentamos los desafíos de la enfermedad.

Que podamos mirar hacia el futuro con fe y confianza en la bondad y el amor de Dios que nos sostiene en todo momento. Amén.

Padre Nuestro, que estás en el cielo, santificado sea tu nombre; venga a nosotros tu reino; hágase tu voluntad, en la tierra como en el cielo.

Danos hoy nuestro pan de cada día; perdona nuestras ofensas, como también nosotros perdonamos a los que nos ofenden; no nos dejes caer en la tentación, y líbranos del mal. Amén.

Dios te salve, María, llena eres de gracia, el Señor es contigo.

Bendita tú eres entre todas las mujeres, y bendito es el fruto de tu vientre: Jesús.

Santa María, Madre de Dios, ruega por nosotros, pecadores, ahora y en la hora de nuestra muerte. Amén.

Gloria al Padre, al Hijo y al Espíritu Santo.

Como era en el principio, ahora y siempre, por los siglos de los siglos. Amén.

DÍA 8: POR EL CONSUELO DE LA COMUNIDAD DE FE

Oh Santo San Vito, te pedimos que nos rodees con la comunidad de fe, para que encontremos consuelo, apoyo y oraciones mientras enfrentamos las pruebas de la enfermedad.

Que nos sintamos sostenidos por el amor y la solidaridad de nuestros hermanos y hermanas en Cristo. Amén.

Padre Nuestro, que estás en el cielo, santificado sea tu nombre; venga a nosotros tu reino; hágase tu voluntad, en la tierra como en el cielo.

Danos hoy nuestro pan de cada día; perdona nuestras ofensas, como también nosotros perdonamos a los que nos ofenden; no nos dejes caer en la tentación, y líbranos del mal. Amén.

Dios te salve, María, llena eres de gracia, el Señor es contigo.

Bendita tú eres entre todas las mujeres, y bendito es el fruto de tu vientre: Jesús.

Santa María, Madre de Dios, ruega por nosotros, pecadores, ahora y en la hora de nuestra muerte. Amén.

Gloria al Padre, al Hijo y al Espíritu Santo.

Como era en el principio, ahora y siempre, por los siglos de los siglos. Amén.

DÍA 9: EN ACCIÓN DE GRACIAS

Al concluir esta novena, San Vito, te damos gracias por tu intercesión constante y por las bendiciones recibidas.

Que nuestra fe en Dios y en su poder sanador continúe fortaleciéndose, y que podamos ser testigos de su amor y misericordia en nuestras vidas. Amén.

Padre Nuestro, que estás en el cielo, santificado sea tu nombre; venga a nosotros tu reino; hágase tu voluntad, en la tierra como en el cielo.

Danos hoy nuestro pan de cada día; perdona nuestras ofensas, como también nosotros perdonamos a los que nos ofenden; no nos dejes caer en la tentación, y líbranos del mal. Amén.

Dios te salve, María, llena eres de gracia, el Señor es contigo.

Bendita tú eres entre todas las mujeres, y bendito es el fruto de tu vientre: Jesús.

Santa María, Madre de Dios, ruega por nosotros, pecadores, ahora y en la hora de nuestra muerte. Amén.

Gloria al Padre, al Hijo y al Espíritu Santo.

Como era en el principio, ahora y siempre, por los siglos de los siglos. Amén.

ORACIÓN PARA FINALIZAR LA NOVENA A SAN VITO

Oh bondadoso San Vito, al concluir esta novena que hemos dedicado a ti, te agradecemos por escuchar nuestras súplicas y por tu intercesión constante ante nuestro Señor.

Que las oraciones que hemos elevado en tu nombre nos acerquen más a Dios y fortalezcan nuestra fe en su divina misericordia.

Te pedimos que sigas intercediendo por aquellos que sufren de epilepsia y otras enfermedades cerebrales, para que encuentren alivio y paz en su corazón.

Que tu ejemplo de fidelidad y coraje inspire a todos nosotros a seguir firmes en la fe, confiando en que Dios siempre está con nosotros en nuestras pruebas. Amén.

CONCLUSIÓN: UN CAMINO DE FE Y ESPERANZA

Al llegar al final de este libro, nos despedimos con gratitud por el tiempo compartido y las palabras de devoción que han llenado estas páginas.

En nuestra travesía a través de las vidas y la intercesión de los Santos Auxiliares, hemos encontrado un camino de fe y esperanza, una senda iluminada por la presencia amorosa de Dios y el ejemplo luminoso de los santos.

A lo largo de estas novenas, hemos elevado nuestras súplicas y peticiones a los pies de los santos, confiando en su intercesión ante el trono de la gracia divina.

En medio de nuestras alegrías y nuestras penas, hemos encontrado consuelo en la promesa de que nunca estamos solos, que tenemos compañeros de fe que velan por nosotros desde el cielo.

Que estas palabras de oración y devoción sigan resonando en nuestros corazones, recordándonos la importancia de la fe en nuestra vida diaria.

Que nos inspiren a buscar la presencia de Dios en cada momento y a confiar en su amor y misericordia, incluso en los momentos más oscuros y difíciles.

Al cerrar este libro, llevamos con nosotros la certeza de que nuestras súplicas han sido escuchadas y nuestras necesidades han sido presentadas ante el trono de Dios.

Que la luz de la fe y la esperanza nos guíe en nuestro camino, y que la protección y la intercesión de los Santos Auxiliares nos acompañen en todo momento.

Que la paz de Dios, que sobrepasa todo entendimiento, llene nuestros corazones y nos sostenga en nuestra jornada de vida.

Que podamos seguir adelante con valor y confianza, sabiendo que somos amados más allá de toda medida y que tenemos amigos celestiales que velan por nosotros en todo momento.

Que la bendición de Dios Todopoderoso, Padre, Hijo y Espíritu Santo, descienda sobre nosotros y nos acompañe siempre.

Amén.

CORAZÓN RENOVADO